오늘도 작은 회사에서
고군분투하고 있을


_____ 에게

# 가난한 회사의 마케터 매뉴얼

민경주 지음

[카카오 페이지
L.I.F.E 공모전]
대상 수상작

쌤앤파커스

# 가난한 회사의
# 마케터들을 위하여

——————————— 마케팅은 회사가 가장 어려워하면서도 만만하게 생각하는 분야입니다. 범위가 워낙 넓은 데다 성과 측정방식도 애매하죠. 어쩌다 얻어 걸려 잘되는 케이스가 있는가 하면, 대기업에서 내로라하는 석학들을 모아 치밀한 조사와 설계를 거친 후 고등학생이 봐도 안 통할 것 같은 결과물을 만들어내기도 합니다. 상황이 이렇다 보니 회사는 경험이나 지식이 전무한 사람을 마케팅 부서의 헤드에 앉혀두기도 하고, 높으신 분께서 이것저것 지시하면서 석연치 않은 결과물이 만들어놓고는 실무자에게 책임을 뒤집어씌우기도 합니다. 아이디어회의 때는 '배민 같은 광고', '삼성 같은 광고'를 부르짖다가도 막상 그런 기획을 들고 가면 회사 이미지와 맞지 않는다, 이게 당장의 수익과 무슨 관계가 있냐며 인상을 찌푸리기도 하죠.

하지만 반박할 수도 없습니다. 마케팅 캠페인이 흥할지 망할지, 앞날은 아무도 모르기 때문입니다. 이건 제가 속했거나 만났던 수많은 회사들, 마케팅 종사자들이 예외 없이 보여준 '마케팅을 대하는 태도'였습니다. 결국 회사는 돈을 벌어야 하는 집단이며 그 목표에 상응하는 뭔가를 보여주지 않으면 쓸모없는 사람이 되어버리는 것이 당연하기 때문에 어쩔 수 없다고도 생각합니다. 한껏 창의적이고 파격적인 것을 꿈꾸다가도 실행 직전에 보수적으로 돌변하는 것이 회사의 마케팅이고, 늘 이런저런 파도에 휩쓸리는 작은 회사일수록 마케팅에 쓰는 자금과 시간이 그렇게 아까울 수가 없거든요.

그리하여 보통 작은 회사의 마케팅 부서는 회사 안팎으로 이리 치이고 저리 치이는 삶을 살아가게 됩니다. 뭐라도 보여줘야 하기에 무리수를 뒀는데 일이 잘 풀리는 행운이 찾아올 때도 있지만, 오랜 기간 야근하며 준비한 프로젝트가 말도 안 되는 이유로 폭파되기도 하는 이상한 세계죠.

작은 회사일수록 순수하게 '마케팅' 업무 하나만 하는 사람도 많지 않습니다. 영업 때문에 마케팅 원론을 공부하기 시작한 사람도, 기술 쪽 일을 하다가 부서 배치에 휩쓸려 본인을 마케터라고 소개해야 하는 상황에 처한 사람도 만나본 적이 있습니다.

스스로를 '마케팅을 한다.'고 소개하는 사람들은 사실 모두 마케터입니다. 각자 분야에 맞는 마케팅이 따로 있으니까요. 지금 막 시작하셨다면 이제 자기 색을 찾아가면 됩니다.

이 책은 전문적인 마케팅 교육을 받지 못한 '어쩌다 보니 마케팅을 하게 된 사람들'을 대상으로 쓰였습니다. 작은 회사일수록 해야 하는 일의 범위는 넓고, 위에서 바라는 것은 많지만 구체적인 요구 사항은 없으며, 그리하여 배워본 적도 없는 일을 해야 할 가능성이 매우 높습니다.

저 역시 컴퓨터를 전공했지만 어쩌다 나가게 된 마케팅 공모전에서 상을 타버렸고, 때문에 어쩌다 광고 회사에 취직했고, 어쩌다 보니 홍보 일도 했다가, 어쩌다가 마케팅까지 하게 된, '표류하는 마케팅'의 경험자입니다. '아무도 알려주지 않지만 모르면 혼나는 지식'을 때론 책에서, 때론 인터넷에서 야금야금 습득한 경우가 많아 누군가에게 도움이 되는 지식을 티끌만큼이라도 뿌리고자 글을 쓰기 시작했습니다. 그래서 저는 '마케팅개론' 같은 어려운 지식보다도 이런 것들을 위주로 이야기해보려 합니다.

- 우리 회사 상황에 맞는 시스템 찾기
- 그 안에서 내가 할 수 있는 일 찾기
- 데이터 보고 해석하기
- 온라인 도구를 이용한 각종 잡다한 기술 익히기

- 마케팅에 대한 개똥철학 다지기
- 필자의 전 직장, 클라이언트 뒷담화하기

    상당히 포괄적으로 보일 수도 있지만 모두 제가 직접 경험한 구체적이고 현실적인 이야기들입니다. 책을 읽으면서 '앗! 지금 나한테 필요한 내용이야!'라는 생각이 든다면 메모해뒀다가 차근차근 좀 더 자세히 알아보기를 추천합니다. 일단 한 번 빠르게 훑어본 후에 필요한 부분만 다시 정독하는 것도 방법이겠죠. 본의 아니게 마케팅을 담당하게 되어 마케팅이 무엇이냐고 물어보면 "광고 아닌가요?"라고밖에 대답할 수 없는 웃픈 상황에 처한 마케팅 노동자들에게 이 글을 바칩니다. 나름 현업을 뛰면서 제가 보고 배운 것들을 정리한 이 글이 독자 여러분에게 작게나마 도움이 될 수 있다면 저는 더할 나위 없이 기쁠 것 같습니다. 자, 그럼 이제 마케팅을 시작해봅시다!

자, 그럼
이제 마케팅을
시작해봅시다!

1장

내가 어디에
있는지도
모르겠을 때

: 환경 분석

# 마케터는
# 무슨 일을 해요?

마케팅 분야의 일을 하지 않는 친구들에게 마케팅이 뭐라고 생각하는지 물어보면 보통은 "광고 아니야?" 같은 대답이 돌아오는 경우가 많습니다. 꼭 광고가 아니더라도 물건이나 서비스를 팔겠다는 의지를 가지고 실행하는 모든 행동을 '마케팅'이라고 부른다는 것을 다들 어렴풋이는 알고 있을 것입니다. 그 대푯값이 광고일 뿐이죠. 누군가 한 문장으로 명쾌하게 정리해준 것은 없을까요? 사전에서는 마케팅을 이렇게 정의하고 있습니다.

'생산자가 상품 또는 서비스를 소비자에게 유통시키는 데 관련된 모든 체계적 경영활동'

그런데 여기서 끝이 아닙니다. 사전도 한 문장 안에 모든 내용을 담기가 버거웠는지 부연설명을 시작합니다. '산업 전반에 걸쳐 판매를 촉진시키는 행위'라는 둥 이런저런 문장을 계속 붙여댑니다. 어떻게든 사람들은 마케팅의 개념을 정리하려고 노력하지만 읽으면 읽을수록 어려워지고, 무슨 말을 하는지도 모르겠고, 잠만 몰려오네요. 대체, 마케팅이란 뭘까요?

## 사람마다 다른 '마케팅'

드라마 '미스터 션샤인'에서는 여주인공이 영단어 'love'의
뜻을 몰라 주변에 물어보고 다니는 장면이 나옵니다.

"러부가 무엇이오?"

"헌데 그건 왜 묻는 거요?"

"하고 싶어 그러오. 벼슬보다 좋은 거라 하더이다."

"뭐 생각하기에 따라서는…. 헌데 혼자는 못하오. 함께 할 상대
가 있어야 하지."

"그럼 나랑 같이 하지 않겠소? 아녀자라 그러오? 내 총도 쏘는
데…."

"총 쏘는 것보다 더 어렵고, 그보다 더 위험하고, 그보다 더 뜨
거워야 하오."

그냥 사랑, 연모하는 감정이라고 이야기해주면 될 것을,
참 시적인 대화를 주고받습니다. 그런데 가만히 듣고 있자
니 사랑이란 개념이 한 문장, 한 문단으로 설명하기 퍽 힘들
다는 생각이 듭니다. 일단 사람마다 사랑의 경험이 모두 다
릅니다. 누군가에게는 숨 쉬는 것처럼 자연스러운 일일 수

도 있지만 누군가에게는 이 세상 무엇보다 어려운 일이기도 하죠. 종류도 많아서 남녀 사이의 감정 외에도 가족, 친구, 때로는 사람과 동물 사이의 감정에도 '사랑'이라는 이름을 붙일 때가 있습니다.

마케팅도 비슷합니다. 명쾌하게 설명하기 힘들고 사람마다 다른 관점을 가지기도 하는데, 때로는 전혀 예상치 못한 곳에서 어떤 현상을 설명하기도 하는 것이 마케팅입니다. 그래서 업종마다, 분야마다 생각해야 하는 문제도, 해결책도 천차만별입니다. 만약 당신이 '마케팅'이라는 단어를 듣고 어떤 이미지를 떠올렸다면 그것 또한 마케팅일 가능성이 높습니다. 그렇기 때문에 당신은 당신의 상사보다 어떤 분야의 마케팅은 훨씬 잘하는 사람일 수도 있습니다. 확실히 그래요.

마케팅이 그렇게 모호하고 누구나 할 수 있는 거라면 왜 회사에는 마케팅 부서와 마케터가 있는 것일까요? 이것도 사람마다 다르게 설명할 수 있겠지만 저는 '관계의 조율'을 위해 마케터가 존재한다고 생각합니다. 위에서 마케팅의 개념을 사랑과 비교해 설명했는데요, 연애를 사람 사이의 일이 아니라 회사와 고객 사이의 일로 치환하면 두 사람 사이를 가깝게 하기 위한 행동들이 마케터의 일들과 꽤 비슷하다는 사실을 알 수 있습니다.

원래 잘난 사람들은 큰 노력을 안 해도 이성이 꼬이고, 동성마저 꼬입니다. 하지만 그렇지 않은 사람들은 그렇지 않다는 이유로 필사적인 노력을 기울여야 합니다. 우린 작은 회사의 마케터들이니, 아마도 후자에 해당될 것입니다. 전략적으로 움직여야 하죠. 물론 잘생기고 잘나가는 것들도 나름의 전략이 있을 겁니다(저도 좀 알고 싶네요…). 먼저 수많은 사람들 중 나를 바라봐줄 만한 사람을 물색해야 합니다. 그런 사람을 발견했다면 그가 무엇을 좋아하고 싫어하는지를 파악한 후 좋아하는 범위 내에서 계속 눈도장을 찍어줘야겠죠. 첫 눈에 반하는 일 따위는 우리에게 일어나지 않으니까요.

그렇게 상대방이 나를 인식하고, 관계의 물꼬가 트이면 그때부터는 나의 매력을 한껏 어필해야 합니다. 경쟁자보다 내가 더 잘할 수 있다고 이야기하고 상대방이 싫어하는 것이 있다면 기꺼이 바꿀 수 있어야 합니다. 순서대로 정리해 보면 대략 이런 식이 되겠군요.

1. 나를 상대방에게 인식시키기
2. 상대방이 나에게 관심 갖게 만들기
3. 상대방에게 내 매력 어필하기
4. 상대방의 요구조건에 나를 맞추기

　결국 마케터는 쉽게 말해서 고객과 기업을 이어주기 위해 고객에게 끝없이 추파를, 꽤 기술적이고 논리적으로 날리는 직업이라고 생각하면 되겠습니다. 이 과정에서 설득력을 얻기 위한 데이터를 수집하고, 정확한 지침을 세우고, 마침내 고객에게 매력을 어필하는 모든 과정을 계획하고 공유하는 일, 마케터는 그런 일을 합니다. 물론 이건 저의 관점이고요. 여러분들은 여러분 나름의 마케팅 정의를 내릴 필요가 있습니다. 이제 무엇부터 시작해야 할까요? 아, 그 전에 해야 할 일이 하나 더 있습니다.

### 사장님의 마음을 꿰뚫어보는 자

　먼저 회사 사람들, 특히 당신을 고용한 사람들이 어떤 마케팅을 생각하고 원하는지부터 정확하게 파악해야 합니다. 그게 안전합니다. 이유는 다양합니다.

### 1. 명확해지는 업무

마케팅에 대한 생각은 사람마다 달라서, 당신은 광고, 홍보 영역을 생각하고 있는데 사장님은 전화 돌리고 발로 뛰는 영업활동을 기대할 수도 있습니다. 합의되지 않은 2개의 생각은 여러분의 회사생활에 커다란 애로사항이 됩니다. 때로는 직속상사와 그 위의 상사, 관련 부서 사람들의 생각이 따로 놀 때도 있습니다. 여러분이 그들의 의견을 조율하는 역할을 맡게 될 수도 있는 것입니다.

분명 입사할 때 직무에 대한 합의를 보고 들어왔으니 설마 그런 일은 없을 것 같나요? 이 글은 작은 회사에 다니는 사람들을 대상으로 쓰였다는 것을 항상 기억하기 바랍니다. 중소기업, 언제나 예측할 수 없는 파도가 치는 곳…. 꼭 윗사람이 아니더라도 우리 팀, 옆 팀 등 많은 사람들과의 대화를 통해 서로의 생각 차이를 좁히는 작업을 먼저 한 뒤 본격적인 마케팅 활동에 돌입하면 앞으로의 마케팅 목표가 더 명확해질 겁니다.

### 2. 정치적인 이유

사실 높으신 분들에게 먼저 말 걸기가 쉬운 일은 아닙니다. 저도 가장 힘들어하는 일 중 하나고, 윗사람들도 그 사실을 잘 알고 있습니다. 그들은 회의 요청을 해도 바쁜 일이 있다는 이유로 일정을 미루거나 본인 스스로도 무슨 말을 하고 있는지 모르는 것 같은 두루뭉술한 대답을 한 후 사라지기도 합니다. 하지만 물어보는 행동 자체만으로도 당신은 그들에게 '의욕 있는 사람'이라는 인상을 남기게 됩니다. 회사는 기본적으로 여러 사람이 모여서 일하는 곳이고, 사람이 모이면 서로 간에 상처가 생기기 마련입니다.

최근 몇 년 동안 각종 '갑질' 논란으로 상사가 부하 직원에게 주는 상처가 조명되었는데요, 사실 상사들도 부하직원들에게 상처를 받습니다. 특히 '시키는 일만 그냥저냥 하면서 새로운 일을 시키면 노골적으로 싫어하는(귀찮아하는)' 직원을 만나면 하루하루가 상처의 연속입니다. 사장님, 팀장님도 사람입니다. 그런데 냉정하게 말해 작은 회사에서 일하는 주니어들은 원래 원하던 회사에서 탈락한 사람들일 가능성이 높습니다. 상사들이 당연하게도 이런 태도를 가진 직원을 만나게 될 가능성이 굉장히 높은 것입니다.

그런 상황에서 새로 들어온 직원이 자기 일에 대해 명확하게 알고 싶다며 먼저 대화를 요청한다면? 당신의 상사는 이제 매일 밤 당신의 손을 잡고 오뉴월 꽃밭을 구를 상상을 하며 잠들 것입니다. 간혹 이런 물음에 "너는 그런 것도 모르면서 어떻게 일을 하겠니?"라는 반응을 보이며 화를 내는 상사도 있을 텐데요, 그런 회사라면 이직을 고려하세요. 진지하게. 차라리 "나도 잘 모르겠다."는 대답이 더 좋습니다.

### 3. 뒤탈 방지용

다른 효과도 기대할 수 있습니다. 추후에 마케팅 캠페인이 이런저런 이유로 고꾸라졌을 때 '그때 팀장님이 이렇게 말해서 그랬다.'라는 강력한 증거자료가 될 수 있습니다! 특히 실무를 잘 모르는 상사를 만나서 고생하는 사람이라면 강력한 카운터로 쓸 수 있습니다. 원래 A는 B이지만 상사가 C라고 강력하게 주장하는 통에 일이 이렇게 되었다는 식으로 말이죠. 이런 상황에 대한 설명이 공개적으로 이루어지면 여러분이 회사 실무에서 패권을 잡게 될 가능성도 한 단계 높아집니다. 그런데 이 방법은 너무 많이 쓰면 미운털 제대로 박히니 적당히 쓰도록 합시다. 몸은 사리세요!

마케팅의 개념을 설명하다가, 고객이랑 연애하라는 소리

도 하다가, 회사 사람들에게 마케팅이 뭐냐고 물어보라고도 한 것은, 마케터에게 있어서 세상 모든 사람들이 고객이어야 하기 때문입니다. 먼저 말한 회사 밖의 고객을 '외부 고객'으로 규정한다면, 회사에서 만나는 사람들은 '내부 고객'으로 규정하고 모든 관계에 신경 써야 합니다. 디자이너, 개발자 등 다른 직군에서는 사실 인간관계가 영 좋지 않아도 실력이 좋아 인정받는 사람들이 꽤 많습니다. 경우에 따라선 그런 점이 매력이 되기도 하죠. 하지만 마케터가 인간관계가 나쁘면 냉정하게 말해 '절대' 할 수 없는 일들이 생기게 됩니다. 마케터는 응당 여러 부서의 의견과 힘을 하나로 합쳐 한 목소리를 내도록 만들어야 합니다. 특히 작은 회사는 체계가 제대로 잡혀 있지 않을 가능성이 매우 높아 당신이라도 정신 차리고 중간다리 역할을 수행해야 하는 상황이 참 많을 것입니다. 이럴 때 회사에 적이 많으면 당신도 지칩니다. 친하게 지내세요. 외부에서 만나는 이상한 사람들보다 내부 사람들이 훨씬 친해지기 쉽고, 또 중요합니다.

자, 이제 여러분이 생각하는 마케팅과 다른 사람들이 생각하는 마케팅이 어떻게 다른지도 정리되었으니 그 둘을 합쳐 본격적인 '일'을 만들어 나가야 합니다. 이어지는 장부터

환경 분석

는 내가 할 수 있는 일의 '범위'를 정하는 '환경 분석'에 대해
좀 더 구체적으로 알아보겠습니다.

여러분 나름의
마케팅 정의를
내릴 필요가
있습니다.

# 일단 지형부터
# 확인해봅시다

———————————— 이직을 했든, 취직을 했든, 부서이동을 했든 어쩌다 마케팅 업무를 맡게 된 당신. 마케팅이 뭔지도 모르겠는데 어디서부터 시작해야 할지 막막해 구글에 '마케팅이란?'을 검색해보기도 하지만 뚜렷한 길이 보이지 않습니다. 기초적인 이론을 설명한 책은 공부하기에 시간이 너무 많이 걸리고, 어려워 답답할 겁니다. 그렇다고 마케팅 트렌드를 소개한 책들을 보기엔 내용상 실무에서 활용하기 힘든 이야기들이 많이 나와 또 답답할 겁니다.

우리 회사 경영진이 '스타벅스'나 '애플'이 하는 마케팅을 받아들일 수 있을까요? 그런 문화를 만들기 위해 시간을 투자할 여유가 있을까요? 그럴 수 있는 자본이 있을까요? 일개 직원인 내가 그런 이야기를 한다고 들어주기는 할까요? 인터넷이나 책에서 말하는 마케팅은 대부분 좋은 것들이지만 본인이 어떤 마케팅을 하고 있는지조차 확립되지 않은 상태라면 오히려 헛바람을 불어넣을 수도 있습니다. 정보는 신중하게 취사선택할 수 있어야 하고, 그러기 위해서는 목표가 필요합니다. 목표가 없으면 새로운 정보에 흔들릴 수밖에 없습니다. 우리 목표부터 뚜렷하게 잡고 움직이자고요.

## 풍수지리적 관점의 마케팅

풍수지리는 산과 물, 동서남북의 방향을 고려해 '명당'을 찾는 학문입니다. 미신이죠. 과학적이지 않다는 주장에도 지금까지 풍수지리가 중요시되는 이유는 환경이 인간에게 미치는 영향이 생각보다 크기 때문인데요, 그 논리가 제법 설득력 있게 느껴지기도 합니다. 북쪽에 산이 있어야 하는 이유는 겨울에 불어 닥치는 살인적인 북풍을 막아야 하기 때문이고, 주변에 강이나 호수가 있는지가 중요한 이유는 우리 사회가 농경사회였기 때문이죠. 산과 물은 외세의 침략을 막아주는 역할까지 했습니다!

마케팅에도 이런 풍수지리스러운 환경 분석이 필요합니다. 주변에 어떤 산이 있고 우리가 물을 끌어오는 곳은 어디이며, 어디에 대고 장사를 하고 있는지 지도로 그릴 수 있다면 앞으로 어떻게 고난과 역경을 헤쳐 나갈 수 있는지도 빠르게 파악할 수 있거든요. 그리하여 오늘은 주변 환경을 통해 체크할 수 있는 요소들 중 크게 3가지를 살펴볼까 합니다.

1. 우리는 어디에 위치했는가?
2. 주변에는 누가 있는가?

## 3. 누구에게 파는가?

### 난 누군가 또 여긴 어딘가 (자사 분석: Company)

회사라면 당연히 회사 밖의 누군가에게 물건을 팔거나 서비스를 제공함으로써 그 대가를 받는 방식으로 돈을 벌고 있을 것입니다. 지금 뭘 팔고 계신가요? 안 사거나, 다른 상품을 사는 것과 비교해서 어떤 이익이 있죠? 이 질문들에 대해 스스로 납득할 만큼 명확한 대답을 할 수 있어야 합니다. 상품에 사람들이 돈을 쓰는 이유, 그리고 사람들이 상품을 만났을 때 변화하는 삶을 이해하면 상품의 포장 방법이나 우리의 태도까지도 명확해지기 마련입니다. 평범한 상품이라면 기업의 철학이라도 내세우는 것이 마케터의 일입니다. 예를 들어 디자인 요소가 전혀 없는 티셔츠는 '화려함을 벗어나 베이직함을 즐기는 고객들을 위한 아이템!' 같은 식으로 포장할 수 있도록 말이죠. 즉, 팔고 있는 상품의 성격, 회사의 정체성(모토)을 먼저 빠르게 파악하는 것이 중요합니다.

회사와 상품의 정체성만큼 중요한 게 또 있는데, 바로 당장 내가 앉아있는 사무실 환경입니다. 사람들은 마케팅을 이야기할 때 굉장히 먼 일부터 생각하는 경향이 있는데 지금 환경에서 내가 주변 사람과 어떻게 상호작용하고 어떤 자세를 취하는가도 마케팅의 일환이며 시발점입니다. 보통 회사는 계층 구조로 이루어져 있습니다. 당신의 상위 부서, 상사는 성격이 어떤가요? 인간적인 성격 말고 업무적인 성격이요. 제가 있던 회사의 마케팅팀 이사님은 영업 베이스의 인물이었습니다. 그래서 저는 광고 쪽 일을 하다가도 제휴나 고객응대 업무를 보는 경우가 많았습니다. 개인적으로는 계속 업무가 흔들리고 불안정해지는 상황이 찾아와 아쉬웠지만 진즉 영업지원에만 집중했다면 더 빠르게 대응할 수 있었을 것 같습니다. 결국 제가 환경 분석을 잘 못해서 업무와 일정이 꼬였다고 해도 할 말이 없는 상황이었습니다.

윗사람이 어디를 보고 있는가, 앞에서도 말했지만 정말 중요한 포인트입니다. 주변 사람도 중요합니다. 팀에 디자이너가 있나요? 일하는 속도는 어떤가요? 유입되는 사람의 수를 파악하고 자료를 만드는 데이터 분석가는 있나요? 없다면 내가 할 수 있나요? 혼자 하는 일은 거의 없습니다. 당신이 다 책임질 수 없어요. 그래서 나의 팀을 잘 파악하고 있는 것이 중요합니다. '어디까지 실현 가능할까?'를 생각하는 현실감각은 일을 진행하는 과정을 매끄럽게 만들어줄 것입니다.

## 옆 동네 아저씨가 위협적이다(경쟁사 분석: Competitor)

회사는 끝없는 경쟁의 연속입니다. 사람은, 특히 우리나라 사람들은 뭔가가 돈이 된다는 사실이 알려졌을 때 너 나 할 것 없이 깜빡이도 안 켜고 들이대는 경향이 있습니다. 정보라는 것에 더 쉽게 접근할 수 있는 요즘에는 그 속도가 예전과는 비교도 안 될 정도로 빨라진 것 같아요. 하지만 다행인 점은 사람들이 똑같은 것도 다 다르게 받아들인다는 점입니다.

한때 인형 뽑기 열풍이 불었을 때 제가 사는 동네 인근 유흥가에는 거짓말 조금 보태서 건물마다 하나씩 인형 뽑기 가게가 들어섰습니다. 그런데 신기하게도 그 안의 구성은 가게마다 달랐습니다. 정말 인형만 있는 가게, 피규어만 있는 가게, 여러 종류의 기계를 조합해놓은 가게, 인형 뽑기 기계 옆에 코인 뽑기 기계를 함께 들여놓은 가게… 작은 차이라고도 볼 수 있겠지만 누군가에겐 선택의 기준이 되기도 합니다. 제 친구는 인형 뽑기보다는 코인 뽑기를 좋아해 한 가게만 가기도 하더라고요. 슬프게도 지금은 절반 이상이 사라졌습니다(타노스라도 다녀간 걸까요…).

다시 아까 이야기로 돌아와 봅시다. 이렇게 경쟁자를 발견했다면 우리가 그들보다 나은 점(또는 다른 점)을 어떻게든 찾아내고, 없다면 만들어야 합니다. 생긴 모습이 비슷하다면 가격 경쟁을 생각해야겠죠. 우리 쪽 상품의 퀄리티가 더 좋다면 그 점을 어필하면 되는 것입니다. 단순한 논리입니다.

일단 동종업계에 들어와 있는 녀석들의 살생부부터 작성합시다. 그리고 그들이 자사 상품을 어떻게 가꾸고 있는지, 고객들에게 어떻게 어필하는지도 유심히 살펴보세요. 잘 하면 박수치면서 따라하고, 실패하면 크게 비웃으세요. 이게 나름 재밌습니다.

경쟁자를 보면서 시장의 규모도 파악하는 것이 좋습니다. 한 해에 1조 원이 왔다 갔다 하는 시장에서 우리가 1%의 점유율을 가진다는 것은 100억 원 규모의 돈이 왔다 갔다 한다는 뜻이 됩니다. 역으로 우리 회사의 매출을 통해 우리가 얼마만큼의 점유율을 차지하는지도 계산할 수 있겠죠? 통계가 나오지 않는 분야의 일도 있습니다. 그럴 때에는 어떻게든 대략적인 예상 수치라도 만들어 보는 것이 좋습니다. 허망한 숫자라도 써놓고 보면 목표라는 것이 생기게 되거든요.

### 열어줘, 너의 지갑(고객 분석: Customer)

앞에서 고객들이 우리 상품을 사는 이유를 생각해보라고

했는데요, 그러기 위해서는 자연스럽게 그들이 어떤 고객들인지를 파악해야 합니다. 아, 물론 팔아 봐야 어떤 고객들이 우리 제품을 사는지가 보이기도 합니다. '닭이 먼저냐 달걀이 먼저냐' 같은 문제이기도 하네요. 우리 상품을 사는 고객들은 어떤 특성을 가지고 있을까요? 업계마다, 파는 상품마다 다를 테니 예를 들어 설명해보겠습니다.

변신로봇 장난감을 팔고 있는 회사가 있습니다. 이쪽 업계의 '큰손'은 어린 남정네들일 것입니다. 이들은 변신에 환장합니다. 이들을 타깃으로 잡았다면 그들의 구매력을 결정하는 30~40대 부모님 역시 주요 타깃이 됩니다. 이제 그들이 자주 다니는 길목에 그들에게 익숙한 방법으로 트랩을 깔아놓는 것이 마케터의 일입니다. 여기서 20대 여성에게 광고를 할 필요가 있을까요? 가끔 로봇을 좋아하는 여성들이 있긴 하지만 정말 드문 일입니다. 그쪽에 광고비를 쓰며 열심히 어필해 봐야 돈 낭비, 시간 낭비일 가능성이 높다는 것이죠. 즉, 우리 상품이나 서비스에 솔깃하고 그것이 구매로까지 이어지는 고객층을 결정하고, 그 사람들이 어떤 특성을 가지고 있는지를 파악해야 하는 것입니다.

## 이제 당신도 3C 마스터

자, 그럼 지금까지 이야기한 것들을 다시 한번 짚어볼까요? 우리 회사가 어떤 회사인지를 파악했고(Company), 경쟁사가 얼마나 있는지, 그들이 어떤 특징을 가지고 있는지 파악했으며(Competitor), 주요 고객이 어떤 사람인지도 체크해보았습니다(Customer).

축하합니다. 오늘은 마케팅 업계에서 흔히 '3C분석'이라고 말하는 단계에 대해 알아보았습니다. 3C분석을 통해 환경요소를 얼추 파악한 뒤 앞으로 나아갈 방향을 고민하면 목표를 정하고 그것을 실행하는 시간이 상당히 단축되겠죠. 만약 여러분이 상부에 보고할 기획안을 쓴다고 하면 첫 페이지에는 3C분석을 통한 현 상황 정리가 들어가면 되는 것입니다. 그런데 기획안에 '3C분석했다.'라는 말은 되도록 쓰지 마세요. 대학생 과제 같으니까요.

단순히 '환경 분석하자.'는 이야기를 했는데 결론적으로 마케팅 이론으로 연결이 되었네요. 사실 마케팅 책에 나오는 대부분의 내용들은 보편적으로 업계에서 사용되는 전문 용어들을 정리하다보니 어려워집니다. 물론 이론을 정확하게 알고 시작하면 더 빠르고 쉽게 접근할 수 있습니다. 그러나 몰라도 어떻게든 몸으로 익힌다면 다른 이론에도 금방 적응할 수 있을 것입니다.

그럼에도 이론은 알아야 합니다. 실무현장에 있다고 해서 마케팅 공부를 소홀히 해도 된다는 뜻은 아닙니다. 사실 마케팅은 누구나 시작할 수 있는 일인 만큼 모르면 호되게 무시당하는 일이기도 합니다. 당신이 정말 마케팅 전략의 귀재라 오병이어의 기적을 일으킬 수 있다고 해도 통상적으로 사용되는 용어들 정도는 알고 있어야 '업계의 인정'을 받을 수 있습니다. 무언가 새로운 정보를 알게 되었다면 다른 사람들이 그걸 뭐라고 부르는지 정도는 꼭 정리하고 넘어갔으면 좋겠습니다.

작은 회사에서 일하게 되면 대부분은 교육 없이 바로 실무에 투입됩니다. 대기업에 간 친구들은 몇 달 동안 교육만 받으면서 월급도 나보다 더 받는다는데…. 우리 회사는 제대로 가르쳐주지도 않으면서 성과가 나오지 않는다며 핀잔을 줍니다. 그래서 더 힘들고 서러울 것입니다. 그럼 중소기업에는 고통만 있을까요? 꼭 그렇지도 않습니다. 작은 회사 마케팅의 장점은 직원이 무슨 짓을 해도 리스크가 적다는 것에 있습니다. 생각보다 큰 자유가 주어져서 하고 싶은 것이 있으면 '시도해볼 수 있는 기회'가 분명히, 생각보다 빨리 찾아옵니다. 그래서 우리는 작은 회사의 자유를 최대한 누려야 합니다. 우리는 이론보다 실전에 강한 사람들입니다! 그거라도 해야 잘나가는 친구들 볼 때 배가 안 아픕니다!

큰 기대가 없던 일에서 나름 성과가 괜찮을 때, 그 찰진 손맛(?)이 나름 매력적이니 우리 회사에서 내가 할 수 있는 일을 가늠하고 실행해보는 것도 자기발전 측면에서 매우 추천합니다. 언젠가 당신이 돈과 권력을 거머쥐었을 때 해볼 수 있는 마케팅을 꿈꾸는 것도 좋은 기분전환거리가 된답니다. 그런 의미에서 처음에 언급했던 다양한 마케팅 서적들도 꾸준히 탐독하시길 권합니다.

# 마케팅에도 '플레이 스타일'이 있다

환경 분석

최근 RPG게임을 하다가 공략을 찾아볼 일이 있었는데, 어느 무기에 대한 설명 중 이런 표현이 나오더라고요.

'파고들기보다 거리를 유지하며 안정적인 플레이를 하는 유저들에게 적합하다.'

앞서 주변 환경을 둘러보고 나와 내 주변 사람들이 어떤 스킬을 가지고 있는지 유심히 살펴보라고 말했는데요, 이는 자신의 플레이 스타일에 맞춰 유연하게 무기를 맞춰 드는 RPG 게임의 운용과 닮아있는 것 같습니다.

### 그래서 뭐부터 시작할까요?

작은 회사와 큰 회사의 차이점 중 일하면서 가장 뼈저리게 느끼는 것은 매뉴얼의 유무라고 해도 과언이 아닌 것 같습니다. 큰 회사는 대개 상황별로 업무 매뉴얼이 구비되어 있고, 입사 초에, 또는 중간 중간에 굉장히 비싼 코스의 교육을 시켜주기도 합니다. 하지만 슬프게도 모두가 그런 혜택을 누릴 수는 없으며 우리 회사에 그런 게 있을 리 만무하죠. 가끔 무료이거나 저렴한 가격의 교육을 신청해 가는 경우도 있지만 슬프게도 우리 회사의 상황과는 동떨어진 이야기를 몇 시간 동안 듣고 올 때도 있습니다. 그리하여 안타깝지만 '내가 무슨 일을 해야 하고, 어떤 스킬을 늘려야 하는가?'에 대한 답은 스스로 찾아야 합니다. 물론 타의로 석연치 않은 일을 맡게 될 때도 많겠지만 어떻게 해야 할지는 결국 스스로 알아내고 정리해야 합니다. 이걸 파악하고 나면 이후에 우리 팀이 할 수 있는 일과 아닌 일을 알게 되면서 전혀 관련 없는 일이 들어오는 것을 막을 수도 있게 됩니다. 이 과정이 생각보다 꽤 중요합니다.

마케팅의 분야는 무궁무진하지만 고전적으로는 크게 4가지로 구분할 수 있습니다.

1. 상품에 대한 고찰(Product)
2. 가격에 대한 고찰(Price)
3. 판매, 유통에 대한 고찰(Place)
4. 광고, 홍보에 대한 고찰(Promotion)

이것을 '4P'라고 부릅니다. 이론상으로는 앞서 본 3C를 통해 환경을 분석하고, STP(Segmentation, Targeting, Positioning)라는 방법을 통해 전략을 짠 뒤, 4P를 요리조리 조합해 마케팅 전략을 완성해야 합니다…만 사실 작은 회사에서 이게 잘 되지는 않습니다. 일단 우리는 4P의 범위 내에서, 우리가 손에 쥐고 활용할 수 있는 분야에 대해 알아보겠습니다. 당장 할 수 있는 일을 4P 영역에서 찾는 것이라고 하는 게 정확하겠군요.

### 상품 잘 만드는 마케터: 프로덕트Product

상품 자체에 대한 경쟁력을 키우는 방향의 마케팅입니다. 만들어진 상품을 잘 파는 것만을 마케팅이라고 많이들 인식하는데, 마케팅은 상품의 기획 단계부터 함께하는 것이 훨씬 좋고, 그게 정상입니다! 물론 개발자나 기획자들 고집이 장난 아니라 10명 중 8명이 '아, 이건 좀…' 하는 것도 밀고 나가는 경향이 있는데요, 작은 회사라면 대부분 이 자리에 대표나 이사 등 실권자들이 앉아있기 때문에 자기 의사를 표현하기 참으로 난감한 분위기가 만들어집니다. 여기 제동을 걸지 못하는 마케터는 암에 걸리거나 퇴사를 하는 헬피엔딩을 맞이하게 됩니다. 그럴 때 납득할 만한 자료를 들고 설득하는 것이 진정한 실력자겠죠. 말은 이렇게 하지만 현실적으로 매우 힘든 일입니다. 어지간한 임원들은 사원의 말을 귓등으로도 안 듣거든요!

초기 제작 단계에 참여하지 못했다면 유지보수 및 개선 작업에 참여할 수도 있습니다. 온오프라인을 통해 피드백을 수집하고 개선방향을 정리하는 일이죠. 여러분의 상품을 사용하는 사람들은 생각보다 합리적으로 사고하지 않으며, 이해가 잘 안 되는 여러분의 상품을 어떻게든 사용하려 노력하지 않습니다. 절대로. 그런 짓은 애플 정도나 할 수 있는 거예요. 고객의 수준을 너무 낮게 보는 것도 무례하기 짝이 없는 일이지만 너무 높게 보는 것도 문제입니다. 상품에서 불편한 점을 찾아내고, 데이터를 살펴보며 유의미한 점을 도출해내는 마케팅을 하고 싶은 사람들은 아래 키워드들을 검색해보고 관련 지식부터 넓혀 나가면 되겠습니다.

- 마케팅 기획
- 품질관리(QC, Quality Control)
- 데이터 분석(데이터 마이닝, 빅 데이터, 데이터 크롤링, 그로스해킹 등)

## 가격을 가격하라!: 프라이스Price

가격이라는 미묘한 것을 결정하는 세계입니다. 사실 이 부분은 이사 이상의 높으신 분이 결정하는 일이 많고, 그게 맞습니다. 가격에 따라 마케팅뿐만 아니라 모든 부서가 움직일 방향이 완전히 달라지기도 하거든요. 굉장히 파괴적인 일입니다.

가격이 낮으면 더 많은 사람들이 혹하겠지만 '어차피 싼 것'이라는 인식이 생겨버려서 브랜드 가치에는 방해가 될 수 있습니다. 브랜드는 안 남고 가격만 남는 것이죠. 또 싸다는 사실에 밀려오는 주문을 처리하다가 사람이 폭발해버릴 수도 있습니다. 감당할 수 있는 만큼의 일을 만드는 것도 매우 중요합니다. 그런데 또 너무 비싸면 기대치를 충족시켜줘야 한다는 부담감에 휩싸이게 됩니다.

전 직장의 이사님이 상품 가격을 급작스럽게 종전의 3배로 올려버린 적이 있는데요, 덕분에 고객과 직접 커뮤니케이션하는 업무를 하던 사람들은 '왜 이렇게 비싸졌는지 납득할 수 있게 설명해봐.' 또는 '이렇게 비싼 돈 주고 서비스를 이용하는데 이것도 못 해줘?' 따위의 컴플레인(갑질)에 심하게 시달렸습니다. 물론 상품 제작 일정이나 들어가는 노동력 등을 생각해보면 올리는 것이 불가피한 상황이었고 그렇게 올렸음에도 꾸준히 찾는 고객들이 있었으니 틀린 선택이었다고는 할 수 없습니다. 마케팅에는 언제나 정답이 없으니까요.

이렇게 가격은 정말 많은 것을 좌우합니다. 가격을 어떻게 책정할까 고민하는 것은 나중에, 이사쯤 된 후에 알아도 되겠지만 가격에 따라 달라지는 방향성, 역학관계는 이해하고 있어야 합니다. 경영학을 공부해보는 것도 좋겠지만, 비슷한 것을 파는 경쟁업체가 어떤 가격정책을 고수하고 있는지를 분석해보는 것도 꽤 큰 도움이 될 것입니다. 그들도 나름의 이유로 그런 가격을 내세우고 있을 테니까요.

### 난 누군가 또 여긴 어딘가: 플레이스Place

상품을 어디서 유통하고 있는지를 파악하는 종류의 일입니다. 아마 광고, 홍보가 아니라면 이 쪽 분야의 일을 하고 있는 사람일 가능성이 굉장히 높습니다.

상품을 어디서 볼 수 있느냐는 굉장히 많은 것을 바꾸어 놓습니다. 고객이 상품에 대해 정확하게 알고서 만나게 되는 일은 우리에게 거의 일어나지 않습니다. 그런 브랜드는 스스로를 '작은 회사'라고 부르지 않겠죠. 뭔가 비슷한 것을 검색하다가 얻어걸리거나 돌아다니는 중에 갑자기 발견하는 경우가 대부분입니다. 팔고 있는 물건이 고객의 손에 쥐어지는 상품이라면 쇼핑 채널의 판매 방식이나 그 채널을 찾는 고객 성향 등을 분석하고, 거기에 맞는 상품을 광고하는 작업을 할 수 있습니다. 마트에서 상품 배치에 따라 판매량이 달라진다는 것은 이제 너무나도 보편적인 상식이죠.

무형의 물건 역시 비슷합니다. 저는 글을 써서 파는 일을 하고 있습니다. 처음에는 네이버 블로그에 수필과 일기 사이 어딘가의 글을 작성해 올렸습니다. 하루 100명 정도가 방문하면 많이 오는 날이었습니다. 그러다가 주변의 권유로 '브런치'에 작가 등록을 하고 똑같은 글을 조금 수정해 올렸는데 하루에만 1만 명이 넘는 사람들이 제 글을 읽은 적이 있을 정도로, 전혀 다른 결과를 얻고 있습니다. 덕분에 글 쓰는 일에 조금 다르게 접근할 수 있게 되었죠. 글을 판매하는 채널들 중 제 글은 브런치에 더 적합했던 것입니다. 반대로 맛집 블로그를 하는 사람들에게는 브런치보다 블로그가 훨씬 유리할 것입니다(이름은 브런치에 더 어울리지만요).

어쩌면 여러분의 상품도 비슷한 상황일 수 있습니다. 좋아할 만한 고객이 모여 있는 곳에 당신의 상품이 노출되지 않고 있을 수 있습니다. 당신의 상품이 필요한 사람들이 아무리 검색을 해봐도 그 상품이 등장하지 않고 있을 수도 있죠. 이런 것들을 관리하며 상품이 더 많은 사람들을 만날 수 있도록 하는 것, 채널place을 담당하게 된 여러분이 궁극적으로 추구해야 할 목표입니다.

네이버나 구글의 검색광고(키워드 광고)에 대해 알아보거나 페이스북, 인스타그램에서 광고가 작동되는 과정을 이해한다면 다른 플랫폼에서도 쉽게 응용이 가능합니다. '세그멘테이션segmentation'이라고도 합니다. 통계학이나 심리학도 도움이 되고, 데이터 마이닝, 크롤링에 대한 지식이 있어도 좋습니다.

### 광고는 마케팅의 꽃: 프로모션Promotion

뭐 꼭 제가 광고, 홍보 태생이라 이렇게 표현한 것은 아닙니다만 대부분 '마케팅'이라고 하면 광고부터 떠올리는 것도 사실이죠. 광고보다 조금 더 큰 단위가 프로모션입니다. 풀어서 말하자면 '더 많이 알리고, 잘 팔릴 수 있도록 각종 콘텐츠를 만들고 뿌리는 행위'입니다. 우리 상품이 어떻게 보일지를 항상 생각하고 있는 것이 좋습니다. 글이든 그림이든, 어떤 방식으로든 말이죠.

어떤 테마와 메시지에 우리 상품을 담고, 어떤 이미지를 사용해야 할까요? 채널에 이어서, 고객의 특성에 따라 콘텐츠를 다르게 개발하는 것도 이쪽에서 해야 할 일입니다. 50~60대가 많이 구매할 상품의 광고에 신조어나 최신 유행어를 넣으면 안 되겠죠? 평소에 광고를 비롯한 미디어를 자주 보고 글을 많이 읽으세요. 요즘 뭐가 유행하며, 왜 그런지를 파악하세요. 기술적으로는 광고 매체의 특성에 대해 알고 있는 것이 첫걸음일 것입니다. 신문, TV, 유튜브 광고의 차이점에 대해서도 알아야 합니다. 콘텐츠를 뿌리고 나서 어떤 피드백을 얻고 있는지 정리하는 기술도 필요하기 때문에 숫자와 친해지는 것도 중요합니다. 이쪽은 개인적으로 여태까지 제가 몸담았던 분야라 할 말이 많을 것 같네요. 뒤에서 더 많은 내용을 다루도록 하겠습니다.

### 하나만 할 수는 없어요

아이러니하게도, 그리고 당연하게도 4가지 중 하나만 하게 되는 경우는 거의 없습니다. 광고를 만드는 사람은 상품이 어디서 어떻게 팔리는지 알아야 관련 채널에 맞는 콘텐츠를 제작할 수 있을 것입니다. 무슨 상품이며 가격대가 어느 정도인지에 따라 판매 채널도 달라지겠죠. 역으로 지금까지 어떤 광고를 하고 있었느냐에 따라 가격정책이나 상품 개발 방향성이 달라질 수도 있습니다.

마케팅 요소는 서로 물고 물리는 관계이며, 종래에는 잘 팔자는 궁극적인 목표 앞에 흐리게 섞이곤 합니다. 당연하게도 이 4개 영역에 들어가지 않는 종류의 마케팅도 존재합니다. 전혀 상관없는 분야에서 은근슬쩍 상품과 관계없는 사람인 척 상품을 언급하는 PPLproduct placement advertisement 이나 바이럴 마케팅도 있고, 고객응대나 영업 역시 마케팅에 속하는 일이기에 따로 분류하는 학자들도 있습니다. 그래서 4P가 아니라 8P라는 주장을 하거나 4P 믹스는 이제 구시대의 전략이라며 비난하는 사람들도 있습니다. 어찌 되었건 그런 주장을 하는 사람들은 이미 4P를 마르고 닳도록 쓰고 연구한 사람들일 것입니다.

우린 기본부터 밟고 가자고요. 이 중 하나만 파고들 수도 없겠지만, 그러지 말길 권합니다. 이것저것 직접 해보면서 무엇이 우리 회사, 그리고 나에게 맞는 일인지 먼저 파악해

보는 것이 좋습니다. 작은 회사의 최대 장점은 일의 스펙트럼이 넓어진다는 것에 있습니다. 물론 회사에서 방황하는 모습을 보이면 윗분들이 크게 노하실 테니 중심 노선은 정하고 천천히 여러 프로젝트로 늘려나가길 바랍니다.

우린 기본부터
밟고 가자고요.

2장

# 마케터는
# 창작하는
# 예술가다?

## : 콘텐츠 제작과 툴 사용

# 콘텐츠 쌓기의
# 미학

─────────────── 채용공고들을 살펴보면 회사에 대한 간략한
소개와 함께 어떤 직무의 사람을 찾고 있는지, 그 사람에게
바라는 기술은 무엇인지 정리해놓은 것을 확인할 수 있습니
다. 읽다 보면 혼자서 모든 문제를 해결할 수 있을 듯한 능
력치를 적어두곤 하는데 그런 사람은 이 세상에 존재하지
않으며, 있다고 하더라도 우리 회사에는 오지 않을 것이란
것을 회사도 잘 알고 있습니다. 희망사항 적어놓은 거예요.

다시 채용공고로 돌아와서, 어떤 인재를 원하는지 정리한
내용을 살펴보면 백이면 백, '업계에 대한 지식이 있는 자'와
같은 내용이 적혀있을 거예요.

그런데 기본적인 직무를 잘 해낼 수 있으면서 업계에 대
한 지식까지 갖춘 사람이 작은 회사에 스스로 지원하는 일
은 정말 드뭅니다. 채용 공고를 1달 정도 게재해두면 그 사
이에 1~2명 있을까 말까 합니다. 그마저도 나오기로 하고
는 다른 곳에 붙었다며 사라지거나 알고 보니 잘 아는 '척'했
던 것으로 밝혀지는 경우가 많습니다(남 얘기 같지가 않네요).
그럼 당연하게도 회사를 다니면서 해당 분야에 대한 공부를
하는 것이 자연스러운 흐름이겠죠.

이번 장에서는 '업계에 대한 지식'을 콘텐츠로 만드는 일

의 중요성, 콘텐츠 마케팅에 대해 이야기하고자 합니다.

## 어디까지가 지식일까?

카페 프랜차이즈에서 요구하는 업계 지식을 예로 들어볼까요? 카페 프랜차이즈가 직원을 모집할 때에는 당연히 '커피 시장에 대한 이해도가 높으며 관련 지식이 많은 자'를 우선해서 뽑겠죠.

커피 좋아하시나요? 저는 엘 살바도르 원두를 좋아해요. 처음에는 이름이 멋져서 사 먹어봤는데 쓴맛, 신맛이 강하지 않고 살짝 단맛이 나서 최애 커피로 자리매김했습니다. 커피 내리는 방법은 핸드드립을 선호해요. 커피에 취미가 있는 가난뱅이에게 이만한 방법이 없죠. 대학시절 내내 카페 알바를 해서 반자동 에스프레소 머신으로 샷도 잘 내린답니다.

이런 지식은, 아마 커피 프랜차이즈에서는 '가산점' 정도로밖에 생각하지 않을 것입니다.

그럼 회사들이 요구하는 '업계 지식'은 어떤 걸까요? 주인공이 카페 프랜차이즈에서 일하는 드라마, '밥 잘 사주는 예쁜 누나'에는 이런 장면이 나옵니다.

사장: 어제 뉴스 본 사람?

일동: (시선을 피한다.)

사장: 에휴…. 무슨 뉴스 같은 걸 보겠니, 니들이…. 세계 커피 시장 규모가 7조 원이란다. 7조 원. 그중에서 우리가 몇 %나 차지하고 있을까? 그거 늘리려면 니들이 어떻게 움직여야 할까?

일동: (고개를 숙인 채 눈앞의 사물만 쳐다본다.)


물론 마케팅을 하는 사람이 원산지별 커피의 특징이나 추출방식 등을 알고 있다면 일반 고객을 대상으로 한 캠페인 진행시 큰 도움이 되겠지만, 보통 회사가 '마케터Market-er'에게 기대하는 업계의 지식은 저런 것들(시장규모, 타 회사의 전략 등)입니다. 그리하여 여러분은 관련 자료를 얻을 수 있는 곳을 꾸준히 확보하고 자주 들어가 확인하는 일을 습관적으로 할 필요가 있습니다. 포털 뉴스 검색에서 관련 키워드로 검색해보면 기획기사 같은 것도 나오고, 카페나 커뮤니티 등을 통해 지식을 주워 담을 수도 있습니다. 저의 경우 제약회사에 있을 때 매일 아침 회사에서 만드는 약과 관련 있는 키워드로 검색을 1바퀴 돌리고 중요하다고 생각되는 뉴스를 추려 팀장님과 사장님께 전달하는 일을 맡았었는데요, 반 년 정도밖에 다니지 않았고 꽤 오랜 시간이 지났음에도 불구하고 아직까지도 뉴스에서 세포치료제 관련 뉴스가 나오면 상황 정리가 빠르게 됩니다. 이런 정보 검색, 정리 습관은 평생 여러분의 자산이 될 것이라고 확신합니다. 업계에 대한 공부는 꼭 마케터에게만이 아니라 모두에게 중요합니다. 마케팅만 잘 아는 것으로는 일이 돌아가지 않습니다. 자, 이제 당신이 주운 지식을 콘텐츠로 만들어 봅시다.

## 정리의 힘

학창시절 수업시간에 교수님이 설명해주는 내용을 왠지 다 흡수하는 것만 같아 따로 필기를 안 했다가 시험기간에 모조리 까먹는 경험은 한 번씩 해봤겠죠? 우리들의 머리는 얄팍해서 얻은 지식을 바로 정리하지 않으면 쉽게 잊어버리고 맙니다. 알게 되면 바로 정리하는 습관, 사실 저 또한 많이 귀찮아하는 일입니다. 지식 콘텐츠 마케팅은 '알게 된 것을 정리해 다른 사람들에게 공유'하는 방식으로 이루어집니다. 다양한 종류의 콘텐츠가 있지만, '지식'을 가지고 장사를 하게 되면 사람들이 당신의 채널을 다시 찾을 확률이 꽤 높습니다.

내 지식을 풀어내면 다른 사람에게 빼앗기는 것 같다고요? 당신도 정리가 이렇게나 귀찮았는데 다른 사람들은 어떨까요? 어차피 대부분의 사람들은 지식만 얻은 뒤 따로 정리하지 않기 때문에 빼앗기는 것 같다는 생각이 더 손해일 수 있습니다. 그렇다고 해서 회사 기밀 같은 중요한 내용을 막 뿌리고 다니진 마시고요. 카드 뉴스든 글이든, 당신이 빠르게, 그리고 예쁘게 생산할 수 있는 형태를 선택해 사람들에게 보여주는 일을 시작해봅시다. 이런 콘텐츠 제작 및 배포는 3가지 효과를 줍니다.

### 1. 다 내 것이야!

원래 공부 잘하는 애들이 다른 사람도 잘 가르칩니다. 가르쳐주면서 스스로 정리가 되는 효과를 볼 수도 있죠. 당신이 업계에서 인정받고 싶다면, 그쪽 지식에 대해 말하는 것을 두려워해선 안 됩니다. 일단 알고 있는 것을 뱉어 봅시다. 누가 아니라고 하면 아니라는 것을 배우면 되는 겁니다. 콘텐츠 만드는 일은, 허언증에 걸린 것이 아닌 이상 계속 '내가 맞는 말을 하고 있는 걸까?'라는 생각을 하게 해줍니다.

사실 저도 지금 이 글을 쓰면서 계속 필요한 정보들을 검색하고 있습니다. 까먹고 있던 것은 예전 자료를 들춰보기도 하고, 솔직히 몰랐던 것을 새로 알게 되는 경험도 하고 있습니다. 저도 뭐 그렇게 대단한 사람은 아니니까요. 쓰는 과정이 곧 공부가 됩니다. 그리고 그건 회사의 것이 아니라 당신의 것이 됩니다.

## 2. 회사가 살아있다!

회사나 상품이 궁금해서 찾아봤는데 사이트 업데이트가 오랫동안 안 되었거나, 누군가의 질문에 답변이 없다면 사람들은 의심합니다. "이 회사, 제대로 굴러가고 있는 걸까?" 사실 많은 회사가 자사 홈페이지를 자주 업데이트하지 못합니다. 작은 회사의 경우 보통 외부 회사에 관리를 맡기거나 보안 등의 이유로 특정 직원(개발자)에게만 수정 권한을 주는 경우가 많습니다. 전자의 경우라면 요구사항을 적어서 담당자에게 보내면 되지만 이미 모두의 머릿속에 홈페이지가 '하청을 맡긴 일'로 인식되어 있다는 것이 문제입니다. 아무도 그 일에 대한 책임을 지려 하지 않습니다. 그러다 보니 자기 일이 바빠지면 신경을 잘 못 쓰게 되죠. 후자의 경우라면 보통은 마케팅팀이 아닌 개발자에게 수정 권한이 있기 때문에 뭘 바꿔야 할 때마다 마케터가 개발자 옆에 쪼그리고 앉아 "해주세요…. 해주세요…." 하고 있어야 합니다. 그리고 일주일 뒤쯤 "아, 제가 요즘 바빠서 아직…."이라는 답변을 받거나 상대의 매우 귀찮아하는 리액션을 보게 됩니다. 그게 싫어서 미루다 보면 홈페이지 업데이트 업무는 자꾸만 뒤로 향하게 되고, 결국 홈페이지가 없는 회사가 돼버리고 맙니다. 하지만 글이라는 것이 꼭 회사 홈페이지에만 올라가라는 법은 없죠. 요즘은 블로그나 SNS를 쉽게 만들어 관리할 수 있으니까요. 요즘이라고 하기에도 뭣할 정도로 오래 되긴 했네요. 이런 채널에라도 콘텐츠가 지속적으로 업로드 되고 있다는 사실이 확인된다면, 고객이나 거래처는 적어도 이 회사가 꾸준히 활동(또는 연구개발)을 하고 있다는 사실을 인식합니다.

## 3. 돈 안 드는 광고!

작은 회사일수록 마케팅에 돈 쓰는 것을 그렇게 아까워합니다. 돈을 쓴다고 해서 즉각적인 피드백이 오는 것도 아닌 것이 마케팅이기 때문이죠. 실패 가능성이 높은 마케팅에 투자하는 것보다 영업, 접대, 상품 개발에 힘을 쏟는 편이 좋다고 생각하는 사장님들이 압도적으로 많습니다. 저 역시 당시 직장의 대표가 인바운드(고객에게 문의가 들어오는 짓)가 늘어나지 않는다기에 '광고비 한 푼 주신 적 없지 않느냐'라며 징징거렸다가 크게 깨진 적이 있습니다. 그런데 얼마 지나지 않아 영업파트의 접대 골프를 회사 돈으로 보내주었다는 사실을 알게 되었습니다. 가면 도장을 찍어서 돌아오기는 하니까, 확실히 '계약'이라는 결과를 얻을 수 있으며 고객들과 훗날까지 도모할 수 있으니까, 거기에 투자하는 편이 더 낫다고 판단한 거겠죠.

작은 회사는 대부분 이런 상황일 거예요. 돈을 써야 사람들이 우리를 봐준다는 생각은 다들 하지만 쉽게 투자하지는 못합니다. 그런 상황에서 '지식 콘텐츠'를 만들어 꾸준히 업로드 하는 것은 꽤 큰 도움이 됩니다. 누군가는 관련 내용을 검색했다가 우리 이름이 박힌 콘텐츠를 보게 되기 때문이죠. 요즘 사람들은 '내가 이런 지식을 공부한다.'라는 것을 과시하고 싶어 합니다. 그런 사람들은 SNS에 지식, 정보 글을 공유하기도 하죠. 약간의 지적 허영심을 이용하면 그들의 개인적인 피드에 우리 콘텐츠가 노출되는 일도 생길 수 있습니다!

## 두근두근 첫 만남

종합해보자면 여러분이 지식 콘텐츠를 만들면 여러분의 지식이 축적됨과 동시에 그로 인한 고객과의 첫 만남이 성사될 확률도 높아집니다. 어떤 지식에 대해 알고 싶어서 들어왔다가 당신의 채널, 상품, 브랜드에 대해 알게 되는 것이죠. 이 넓은 우주에서 고객이 당신의 존재를 알게 된다는 것, 회사 입장에서 가장 중요한 단계입니다.

이 단계에서 한 발짝 더 나가면, 고객과 소통하는 단계까지 갈 수 있습니다. 종종 콘텐츠를 본 고객이 태클을 걸거나 질문을 할 수도 있는데요, 이 과정에서 긍정적인 경험을 한 고객은 당신으로 인해 브랜드 자체에 대한 긍정적인 결정(구매)을 내릴 수도 있을 것입니다. 왜, 평소에 내 매력을 어필하고 다녀야 소개팅이라도 제안받을 수 있잖아요. 콘텐츠를 쌓는 일 역시 언제 들이닥칠지 모르는 고객과의 만남에 대비해 자신을 포장하는 일이라고 생각하면 조금 더 즐겁게 일할 수 있을 것입니다.

너무 쉬운 지식을 이야기하고 있으면 기업이 하수로 보이지 않을까 걱정된다고요? 자신감을 가집시다. 사람들은 상상 이상으로 자기 분야 바깥의 일에 대해서는 잘 모릅니다.

잘 아는 사람들이 포털 사이트에 그걸 검색하고 있지는 않을 것이고요. 심지어 어려운 내용은 사람들이 잘 보지도 않습니다. 스낵 콘텐츠의 시대니까요. 작은 회사에 작은 월급이니 작은 일부터 시작해봅시다.

작은 회사에 작은 월급이니
작은 일부터
시작해봅시다.

# 마케터가 쏘아올린
# 작은 콘텐츠

—————————— 아무리 생각해도 제 유머 핀트는 다른 곳에 있는 것 같습니다. 보고 나서 뱃가죽이 아프도록 웃었던 유머도 친구들에게 보여주면 '이게 뭐?'라는 반응입니다. 시간이 지나고 다시 그 유머를 보면 '그때 이게 왜 웃겼더라?' 싶을 때가 있습니다. 얼마 전 그 이유를 알게 되었습니다. 그 유머를 봤던 시점에 제가 다른 유머 게시물들 때문에 웃음 역치가 한없이 낮아져 있었으며, 웃긴 것을 보고 싶어서 그곳에 머무르고 있었다는 사실을 깨달았죠.

당신이 만드는 콘텐츠도 이런 상황일 수 있습니다. 정보가 필요한 사람이 당신의 콘텐츠를 발견했다면 그 안의 지식이 대단한 것이 아니더라도 사막에서 만난 오아시스처럼 반가울 수 있겠지만, 그냥 돌아다니다가 발견한 것이라면 3초도 집중하지 않고 빠져나가겠죠. 따라서 당신의 콘텐츠가 어디서 어떤 방식으로 발견되는가는 당신이 콘텐츠를 만들기 위해서 들인 노력이 헛되지 않기 위해서라도 중요한 요소입니다.

### 도대체 뭘 만들어야 하지?

앞에서도 우리 팀이 뭘 만들 수 있는지 점검해보길 추천

했습니다. 아마 대략적으로라도 '이 정도 콘텐츠는 만들 수 있지.'라는 계산이 섰을 겁니다. 콘텐츠 유형으로는 이런 것들이 있습니다.

1. 글

저도 글 쓰는 사람이지만 사실 잘 쓰는 것은 둘째 치고 누구나 시작할 수 있는 만만한 분야가 글쓰기입니다. 그리하여 높으신 분들은 당신의 콘텐츠를 존중하는 척하면서도 누구든지 대체할 수 있다며 쉽게 생각할 수도 있습니다.

그런데 글도 기술적으로 써야 합니다. 검색에 잘 걸리게 하기 위해 특정 키워드를 문장에 어색하지 않게 쑤셔 넣거나, 시스템 상 상위 노출을 노리기 위해 플랫폼을 연구하는 등 전략적인 접근이 필요하죠. 네이버, 다음 등의 검색엔진은 어떤 게시글을 상위 노출시키는지 그 알고리즘을 정확하게 알려주지 않습니다. 노골적인 광고라면 잘 노출시키지 않고, 최대한 '사람이 직접 쓴 것 같은' 게시글을 더 많이 노출시키려고 하죠. 그래서 네이버 블로그의 광고글들은 게시된 시기에 따라 말투나 단어 선정, 이모티콘의 배치가 조금씩 바뀝니다. 광고 대행사들이 실험을 통해 더 잘 노출되는 글의 형태를 연구하기 때문이죠. 별 생각 없어 보이는 광고성 게시글에도 다 그들 나름의 작성 가이드가 있는 것이죠. 꽤 재밌는 세계죠? 여러분도 글을 써서 여기저기 올릴 예정이라면 이런 종류의 연구가 필요합니다.

## 2. 이미지

지식형 콘텐츠의 대표적인 예로 SNS에 주야장천 등장하는 카드 뉴스가 있습니다. 기본적으로 카드 뉴스는 글을 베이스로 만들어지지만 글이 또 너무 많으면 사람들이 쉽게 흥미를 가지지 않습니다. 사람들이 피드를 정신없이 올리다가도 손이 멈칫 할 수 있는 이미지와 문구를 연구해야 하며 내용물의 이미지와 텍스트 배치도 사람들이 계속 볼지 그만 볼지를 결정하는 중요한 요소이므로 계속 바꿔가면서 가장 반응이 좋은 형태를 찾아야 합니다. 따라서 디자이너와의 커뮤니케이션이 매우 중요합니다. 저는 혼자 카드 뉴스 작업을 하고 있을 때 옆에서 지켜보던 디자이너가 한숨을 팍 쉬더니 psd파일 내놓으라고 한 적도 있습니다(나쁜 지지배…).

## 3. 영상

사실 이게 요즘 대세입니다. 이제 사람들이 글자를 읽거나 스크롤을 넘기는 것조차 귀찮아하는 시대에 도달하고 만 것입니다. 요즘 젊은 층은 검색하고 싶은 것이 있을 때 구글이나 네이버가 아니라 유튜브에 먼저 검색한다고도 하네요. 영상에도 다양한 스타일이 있고, 전달 방식에 따라 호응도가 크게 달라집니다. 브이로그처럼 일상을 찍고 간단한 편집만 하는 방법도 있지만 자막을 이용해 카드 뉴스가 자동으로 넘어가는 것 같은 형태의 콘텐츠도 만들 수 있습니다. 카메라 앞에서 담화문을 발표하듯 진행하는 콘텐츠도 있죠.

그런데 영상은 못 만들면 정말 티가 확 납니다. 사람들은 3초 이내에 이 영상을 계속 볼 것인지 말 것인지를 결정하는데, 특히 성인을 대상으로 할수록 그 3초의 벽을 넘기가 매우 힘듭니다. 괜히 유튜브에서 키즈 콘텐츠가 흥하는 것이 아닙니다. 어떻게 보면 아이들이 어른들보다 참을성이 더 많은 것 같기도 합니다.

자막도 꼭 달아야 합니다. 소리를 켤 수 없는 다양한 상황에서도 사용자들이 시청할 수 있도록 하는 거죠. 작은 효과음까지도 자막으로 달아줘야 한답니다. 그런데 이토록 정성

들여 영상을 제작했는데 아무도 안 보는 사태가 발생할 수도 있습니다. 가성비가 굉장히 떨어지는 상황이 벌어지는 것이죠. 영상은 퀄리티를 생각했을 때 글이나 그림보다 작업시간이 배로 들거든요. 회사 이름을 걸고 나가는 건데 콘텐츠 품질이 낮은 것도 곤란하고 말이죠. 그래서 영상은 신중하게 생각하고 접근하기를 추천합니다.

물론 이것들을 하나만 하지는 않을 겁니다. 그림이든 영상이든 글이 준비되어야 시작할 수 있는 것들이고 글만 올린다고 해서 사이사이 삽입될 이미지와 예고편이라고 할 수 있는 썸네일을 신경 쓰지 않을 수 없습니다. 이것저것 섞여 있는 콘텐츠가 노출도 더 많이 되고 사람들의 호응도 좋습니다. 뭐든 섞어야 하는 하이브리드 시대이니까요.


**이제 채널을 선택하세요**

열심히 만든 콘텐츠를 어디에도 올리지 않은 채 혼자 흐뭇하게 바라보고 있으면 회사가 당신의 목을 치러 올 것입니다. 어디에든 올려야 합니다. 기왕이면 더 많은 사람이 보는 곳이 좋겠죠. 적절한 채널을 찾아야 합니다. 채널이 뭘까요? 고객이 당신을 만날 수 있는 모든 곳이 채널입니다.

- 회사 홈페이지
- 이메일
- 네이버, 티스토리 등의 블로그
- 페이스북, 인스타그램 등의 SNS
- 유튜브

뭐 이런 것들 말이죠. 이런 채널에 여러분의 콘텐츠가 올라갔을 때 어떤 상호작용이 일어날지 예상해보는 것이 중요합니다. 위에 있는 녀석들은 성격이 다 제각각입니다. 콘텐츠가 보여지는 방식도, 사람들이 콘텐츠에 접근하는 방식도 천차만별이죠. 때문에 생각해봐야 하는 요소들이 있습니다.

- 주로 어떤 내용의 콘텐츠가 올라오는가?
- 콘텐츠가 어떻게 보여지는가?
- 콘텐츠가 어떤 경로로 발견되는가?
- 콘텐츠를 본 사람은 어떤 행동을 하는가?
- 채널을 주로 사용하는 고객의 연령, 성별은 어떤가?
- 콘텐츠의 성과는 어떻게 측정할 수 있는가?
- 관리가 쉬운가?

이런 것들을 고려해 각 채널의 성격을 정리해보세요. 저기에 있는 평가 기준이 전부가 아니며, 당신이 생각하는 기준에 따라 더 나눌 수도 있습니다. 예를 들어 지금 보고 있는 글처럼 긴 산문을 이메일로 보내면 받는 사람이 곤란해할 것입니다. 영상을 잘 만들었는데 네이버 블로그에만 올리면 검색에도 안 걸리겠죠. 콘텐츠의 톤도 생각해야 합니다. 말장난 유머처럼 가벼운 콘텐츠를 회사 공식 홈페이지에 올리는 것은 (회사 이미지에 따라 다르겠지만) 보는 사람에 따라서는 무례하고 근본 없는 집단으로 받아들여질 수 있습니다. 채널의 성격에 따라 얼마만큼, 어떻게, 어떤 형태로 보여줄 것인지를 항상 고민해야 합니다.

마지막으로 콘텐츠를 올린 후에 PC로만 확인하지 말고, 핸드폰이나 태블릿 같은 다른 형태로도 접근해봐야 합니다. 저는 예전에 업로드 했던 영상이 PC, 안드로이드에서는 잘 보였는데 iOS에서만 이상하게 나타나는 버그를 겪은 적이 있습니다. 이걸 클라이언트가 발견한 것이 문제였죠. 아무쪼록 무언가 콘텐츠를 올릴 때는 꼭 다양한 기기로 테스트해보길 바랍니다.

## 미디어의 성격

조금 개념적인 이야기로 넘어가봅시다. 흔히 마케터들은 미디어의 성격을 3가지로 정리합니다.

### 1. 오운드 미디어Owned Media

그야말로 소유권이 나에게 있는, 내가 직접 컨트롤할 수 있는 채널들을 말합니다. 홈페이지, 블로그, 페이스북 같은 SNS가 되겠죠. 그곳에 글을 올리는 건 나만 가능하니까요.

### 2. 페이드 미디어Paid Media

직역하자면 돈을 지불한 미디어, 즉 광고를 말합니다. 유튜브, 페이스북, 인스타그램 등에서 광고를 진행하면 그 미디어는 '페이드 미디어'가 됩니다. 조금 규모가 있는 곳이라면 4대 매체(신문, 라디오, 잡지, TV)를 넘보겠죠. 광고 대행사 중에서는 이런 미디어만 집중적으로 관리하는 곳도 있을 정도로 어렵고도 중요한 영역입니다.

### 3. 언드 미디어Earned Media

사람들이 브랜드에 대해 남긴 게시글, 댓글 같은 평가를 말합니다. '오운드 미디어'와 같이 직접 작성하고 통제할 수 없으며, '페이드 미디어'처럼 살 수도 없죠. 물론 바이럴 마케팅처럼 '그렇게 보이는 짓'을 하기도 합니다만 그런 것은 엄밀히 말해 '언드 미디어'라고 볼 수 없습니다. 소비자도 이 사실을 알기 때문에 이 미디어는 3가지 미디어 중에서 고객에게 미치는 영향력이 가장 큰 미디어입니다.

결국, 마케터에게는 오운드 미디어와 페이드 미디어를 이용해 긍정적인 언드 미디어를 획득하는 것이 궁극적인 목표가 됩니다. 이 3가지 미디어를 이용해 점차 알려지는 것이 '미디어 믹스 전략'으로, 결국 콘텐츠를 어떻게 뿌리느냐를 고민하고 결정하는 일이라고 할 수 있겠군요. 여러분의 콘텐츠나 브랜드는 어떤 입소문을 타서 언드 미디어를 얻게 될까요? 스킬과 경험이 쌓인다면 이것마저 통제할 수 있는 경지에 오르게 될 것입니다.

문제는 미디어의 종류가 날이 갈수록 늘어나고 있다는 것입니다. 각자 개성도 달라서 따져봐야 할 것이 한두 가지가 아니죠. 뭐 하나 잘못 올렸다가 역풍을 맞을 수도 있습니다. 채널별 특성을 파악하고 거기에 맞게 내 콘텐츠를 손보는 연습을 해봅시다. 하나만 하면 안 됩니다. 여러 곳에 뿌려야 고객과 닿을 기회가 많아집니다. 장황하게 설명하긴 했지만 결국 내가 당장 글을 어디에 올릴지가 가장 중요하겠죠. 지금 회사가 사람들과 어떻게 만나고 있는지부터 살펴보는 건 어떨까요? 어쩌면 앞으로 어떤 채널을 어떻게 운영할지 생각하는 것보다 지금 있는 것들부터 제대로 굴러가게 만드는 것이 더 중요합니다. 당장 리스트 업부터 시작합시다. 그냥 팀원들끼리 모여서 생각해보세요. 이런 식으로요.

"우리 관리하고 있는 거 뭐 있죠?"


1. 홈페이지
"리뉴얼 언제 마지막이죠? 글을 올리거나 수정하는 건 어떻게 하죠?"


2. 블로그
"네이버인가요? 최근 업로드가 언제죠? 하루에 몇 명이나 들어오죠?"

3. 페이스북

"팔로워는 몇 명이죠? 게시글은 어떤 빈도로 올리고 있나요? 광고는 좀 태우나요?"

4. 이메일

"뉴스레터나 공지사항을 전달할 때 쓰는 디자인 양식이 있나요? 어떤 플랫폼을 이용해 뿌리는 작업을 하나요?"

이런 식으로 가지고 있는 채널을 규정하고 그 채널에서 파생되는 질문을 던지다 보면 지금 부족한 것이 반드시 보일 것입니다. 문제가 있으면 보완해야죠. 그 일부터 시작합시다. 콘텐츠 제작은 다음 일입니다. 시작해야 하는 일은 정말 가까운 곳에 있습니다.

# 리액션을 기다리는
# 마케터

─────────── 어느 날 차를 타고 가다가 간판이 예쁜 카페를 발견했습니다. 다른 목적지가 있는 상황이었고 차를 타고 들어갈 수는 없는 골목이니 '언젠가 가봐야겠다.' 생각하고 휭 지나갔는데 막상 다시 찾아가려고 하니 마땅한 기회가 오지 않았습니다. 거기까지 가는 길에 다른 예쁜 카페가 참 많거든요. 지금 드디어 그 카페에 와서 글을 쓰고 있지만 오는 길에 그냥 다른 가까운 카페를 갈까 고민을 거듭하다가 이곳까지 오게 되었습니다. 아마 시간이 더 지났다면 이런 카페가 있었다는 사실조차 잊었을지도 모르죠.

어쩌면 여러분의 상품이나 서비스가 이런 상황일지도 모릅니다. 분명 괜찮다고 생각했는데 막상 구매를 어떻게 해야 할지 모른다거나, 이름이 정확하게 기억나지 않아 다른 상품으로 새버렸을 수도 있습니다. 사람은 처음 발견했을 때 시도하지 않으면 조금만 시간이 지나도 그 기억을 쉽게 잊어버리고 맙니다. 그녀가 저를 잊은 것처럼 말이죠.

### 못 본 사람은 있어도 한 번만 본 사람은 없다

요즘 가장 대중적인 채널, 유튜브에는 강력한 추천 알고리즘이 있습니다. 유튜브 사용자들은 어떤 콘텐츠를 보고

나면 높은 확률로 비슷한 콘텐츠를 보는 특성을 가지고 있는데요, 구글은 이런 사용자 특성을 파악해 유사 콘텐츠를 추천하는 기능을 사이트 곳곳에 심어두었습니다. 덕분에 하루 종일 유튜브만 붙잡고 살아가는 유튜브 망령들이 생겨나기 시작했죠.

이미지의 우측을 보면 내가 보는 영상과 비슷한 영상들이 죽 나옵니다. 음악의 경우에는 비슷한 장르의 다른 아티스트 음악을 찾아 '알아서' 재생 목록을 만들어 놓기까지 합니다! 이쯤 되면 조금 무섭기도 합니다.

물론 이런 기능을 유튜브에서만 볼 수 있는 것은 아닙니다. 블로그처럼 콘텐츠를 여러 개 쌓아놓는 플랫폼에서는 예전부터 지원하던 기능이죠. 자동 추천 기능이 없다면 해당 블로그의 같은 카테고리 콘텐츠라도 보여주기 마련입니다. 이 이미지는 제 네이버 블로그의 게시글 하단입니다.

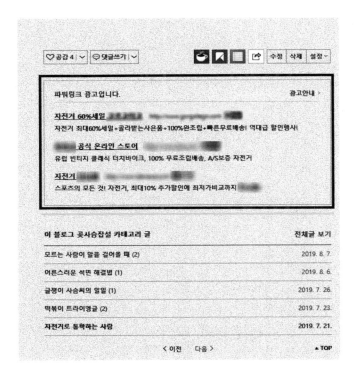

'자전거로 통학하는 사람'이라는 제목의 만화 게시글을 올렸는데요, 위쪽에는 자전거와 관련된 광고를 보여주고 아래쪽에는 제가 쓴 것과 같은 카테고리의 글 리스트를 보여주고 있네요.

실제로 제 블로그 안에서 고객들의 움직임을 보면 한 게시글을 본 후에 하단의 다른 카테고리 글을 눌러 다른 콘텐츠까지 보는 사람들이 전체 조회수의 반 이상을 차지합니다. 나머지는 검색이나 링크 유입 같은 것들이죠. 이건 제 블로그가 연재물처럼 이어지는 글을 올리는 곳이기 때문에 일어나는 현상일 수도 있겠지만 지식 콘텐츠를 쌓는 곳이라면, 그곳의 콘텐츠가 쓸 만하다면, 광고의 냄새가 나지 않는다면 아마 보편적인 움직임일 거예요. 다시 말해, 사람들이 당신의 게시글에 흥미를 느꼈다면 그 글과 연결되는 콘텐츠에 반응하는 것이 정상이라는 뜻입니다.

### 아, 님들 반응 좀

이렇게 콘텐츠를 본 사람들이 추가로 눌러볼 수 있도록 설계된 요소를 'CTACall to Action'라고 부릅니다. 글자 그대로 소비자의 액션을 유도하기 위해 존재하는 것들로, 페이스북이나 인스타그램으로 치면 '좋아요'나 '공유하기', 넓은 의미로 댓글도 CTA에 포함된다고 할 수 있습니다. 당장 인터넷에 들어가면 여기저기서 CTA를 발견할 수 있습니다. 앞에서 언급한 연관 콘텐츠를 비롯해, 게시글에서 눌러볼 수 있는 모든 것이 CTA라고 할 수 있죠. 그리고 마케터는 이 버튼이 눌리기를 기다리고 관찰하면서 그 행동에 담긴 의미를 찾아내기 위해 노력하는 변태들입니다.

사실 저도 지금 쓰고 있는 글들, 그리고 있는 그림들을 사람들이 얼마나 들어와서 보는지, 누가 와서 댓글을 달아주는지 시도 때도 없이 체크하고 있습니다. 대부분 새 소식이 없다는 슬픈 알람 창을 보게 되지만 저도 변태인지라 알면서도 계속 들여다보고 있게 되죠. 반응에 집착하는 것은 발전을 위해서입니다. 아무 반응이 없으면 제 콘텐츠가 좋은지 나쁜지 확인할 길이 없고, 앞으로 계속할 의지도 생기지 않게 되거든요. 그리하여 저는 여러분의 따봉 하나에도 배가 부르답니다.

농담조로 이야기하긴 했지만 사람들의 반응은 어떤 일을 추진할 때 가장 강력한 원동력이 되기 때문에 CTA를 적재

적소에 '눌러봄 직하게' 배치하는 것이 콘텐츠 마케터가 해야 할 일입니다. 실제로 각종 채널에서는 사람들의 클릭 활동을 기반으로 콘텐츠 추천 알고리즘을 작성한다고 해요. 사람들이 반응을 많이 보일수록 좋은 글이라는 뜻으로 해석하고, 누군가의 클릭을 그 사람의 평소 취향을 반영하는 행동으로 간주하죠. 그리고 대부분은 사실입니다.

### 어떻게 해야 눌러주겠니?

그러나 플랫폼에서 자체적으로 제공하는 연결에는 한계가 있습니다. 예를 들어 상품에 대한 칭찬을 열심히 적어두었다고 해서 플랫폼이 알아서 구매처로 연결되는 CTA를 만들어주지는 않습니다. 워드프레스로 구동되는 채널의 경우 따로 만들지 않았다면 '좋아요' 기능도 없을 것이고 연관 콘텐츠도 보이지 않을 수 있습니다. 어떤 플랫폼은 외부 링크 자체를 막아버리기도 합니다. 돈을 내고 광고를 게재하면 링크를 살려주죠. 그래서 이제 여러분은 직접 버튼을 만들어 콘텐츠에 넣는 방식까지 생각하셔야 합니다. 누름 직하게 버튼을 박아두는 것은 UXUser Experience, UIUser Interface 이라는 디자인의 영역에 해당합니다. 함께 일하는 디자이너가 있다면 버튼의 디자인과 배치에 대해서 이야기해보는 것도 좋은 토론이 되겠습니다.

인터넷의 발달은 하이퍼링크라는 녀석의 등장과 함께 더 빨라졌습니다. 정보의 연결은 지식의 확장과 업무 속도를 더 빠르게 만들어 주었고, 소비자의 지갑이 열리는 속도도 빨라졌습니다. 정리하자면, 콘텐츠와 콘텐츠, 때로는 다른 성격의 콘텐츠라도 최대한 연결시키고 보는 것이 보다 많은 사람들이 당신의 콘텐츠를 보도록 만든다고 결론지을 수 있겠습니다.

사실 이 부분은, 취향의 영역입니다. 눌러볼 만한 버튼과 보기에 예쁜 버튼은 다른 이야기입니다. 그 사이에서 고민하는 것이 디자이너의 일이죠.

그런데 예쁜데 눌러보고 싶기까지 한 버튼은 솔직히 본 적이 없는 것 같습니다. 그게 눌러도 되는 버튼인지조차 모르고 지나간 적도 많고 말이죠. 그냥 모두에게 익숙한, 파란색 글씨에 밑줄 그은 형태가 링크임을 나타내는 가장 효율적인 방법이 될 수 있습니다. 다양한 형태의 버튼을 넣어본 후에 클릭 확률이 높은 것을 취사선택하는 방법을 추천합니다. 고객의 반응은 고객의 연령, 성별 등 특성에 따라, 플랫폼에 따라 또 달라지거든요.

그리고 다른 콘텐츠나 광고를 많이 보면서 다른 곳들은 어떤 식으로 CTA 클릭을 유도하고 있는지 살펴보는 습관을 키웁시다. 유튜브나 페이스북의 경우 콘텐츠가 올라가는 영역과 고객이 반응을 보이는 영역이 분리되어 있는데, 고객의 댓글 반응을 보는 곳에 콘텐츠 제작자가 하고 싶은 말이나 협찬 상품의 링크가 적혀있을 때가 있습니다. 이런 경우, 제작자가 댓글을 단 뒤 추천수를 마구 올려놓았을 가능성이 높습니다. 그렇게 하면 한 판에 콘텐츠, 홍보 문구, 링크가 모두 보이게 되거든요. 누가 생각해낸 것인지 참 영리한 방법입니다. 관찰력을 길러보아요. 도저히 누르고 싶지 않은 버튼을 발견하셨다면 무엇이 당신을 머뭇거리게 하는지도 생각해보길 바랍니다.

### 꼬리표를 붙여 네 링크에

연결 자체도 중요하지만, 거기서 끝나면 마케터의 일은 그렇게 심오한 일이 아니게 됩니다. 한 채널의 유입량 정도는 파악할 수 있어도 사람들이 어디서 뭘 보고 유입되었는지는 모르게 되거든요. 어떤 CTA가 위력을 지니는지 알 수 없다는 것은 CTA를 개발하는 일을 무의미하게 만듭니다. 그래서 마케터들은 링크 뒤에 '파라미터 값'이라는 것을 붙여 고객의 움직임을 추적합니다. 링크 뒤에 코드를 붙여서 주석을 달아놓는 것이라고 보면 되겠습니다.

다시 말하지만, 마케터들은 집착 많은 변태들입니다. 이를 가장 적나라하게 확인할 수 있는 곳은 오픈마켓 등에서 보이는 상세페이지 주소입니다. 당장 오픈마켓에 들어가서 아무 상품의 주소창 링크를 긁어 메모장에 붙여넣기 해보세요.

http://쇼핑몰주소/product/SellerProductDetail.tmall?-method=getSellerProductDetail&prdNo=365xxx&-cls=6139&trTypeCd=2xx

외계어처럼 긴 주소가 튀어나올 겁니다. 앞쪽은 쇼핑몰 주소일 것인데, 뒤쪽에 웬 특수문자가 들어간 긴 내용이 붙어있습니다. 여기에는 상품이 어떤 카테고리에 속하는지, 고객이 어떤 경로를 통해 이 상품을 보게 되었는지, 특정 조건에 만족하는 상황이었는지 등 다양한 정보가 들어있습니다. 이 내용은 마케터가 원하는 만큼 추가할 수 있습니다.

저것보다 긴 주소가 얼마든지 만들어질 수 있죠.

왜 이런 것을 넣을까요? 누군가에겐 그게 유의미한 데이터가 되기 때문입니다. 특정 위치의 배너를 눌러 접속한 사람들의 수로 광고 효율을 체크할 수 있을 것이고, 프로모션 코드를 들고 오는 사람들을 체크하는 것은 돈과 직결된 문제이기에 매우 중요합니다. 링크에 파라미터를 넣는 방법, 그리고 그 수를 체크하는 방법은 뒤에서 더 자세히 알아보도록 하겠습니다.

### 미묘한 움직임까지 체크합시다!

콘텐츠 마케팅에 있어 최악의 결과는 고객이 콘텐츠만 보고 '뒤로 가기'를 눌러 빠져나가는 경우입니다. 실제로 음식점을 운영할 때에도 가장 무서운 손님은 종업원에게 불만을 말하지 않고 나가서 주변 사람들에게 소문내는 사람들이라고 하죠. 페이지에 들어온 고객이 뭔가 하나라도 눌렀다면 '이 글을 읽은 사람이 어떤 행동을 하는가?'라는 귀중한 데이터가 됩니다. 명심하세요. 무플보단 악플입니다.

단순히 누르는 것이 아니라 무엇이 눌리는지, 그게 무슨 의미인지를 꼭 확인해야 한다는 뜻입니다. 고객이 상품에 관심이 있을 때 할 만한 행동을 대변하는 CTA가 제대로 있는지도 확인해봅시다. 다음 단계를 찾다가 그냥 나가는 사람들도 분명히 있습니다. 이제부터라도 각종 게시판이나 게시글을 보면서 이 글에서 내가 누를 수 있는 버튼이 무엇인지, 그 버튼이 어디에 있는지를 꼭 확인하세요. 버튼이 왜 그렇게 배치되어 있는지까지 예상할 수 있다면 당신은 이미 훌륭한 콘텐츠 마케터입니다.

그리하여
저는 여러분의
따봉 하나에도
배가 부르답니다.

# 고객에게 쓰는 관심법

저는 카운터 보는 것을 꽤 좋아라 합니다. 워낙 낯가림도 심하고 철벽 치는 성격이라 새로운 사람 만날 일을 만들지 않는데요, 카운터 업무를 보게 되면 본의 아니게 많은 사람들을 만나서 관찰하게 되거든요. 각자의 목적이 있으니 대화 소재가 없어서 분위기가 어색해질 일도 없고 가끔 예쁜 손님 오시면 평생 말 한 마디 못 붙여볼 상대와 대화도 해볼 수 있습니다! (누차 말씀드리지만 마케터 중에는 변태가 참 많습니다.)

여러 사람을 관찰하고 있으면 '이런 특징을 가진 사람에게는 이렇게 대처해야 한다.'라는 행동강령 같은 것이 생깁니다. 특징이라 함은 그들이 짓고 있는 표정, 입고 있는 옷, 함께 온 사람들의 숫자 같은 것을 이야기하는 것이겠죠.

제가 아르바이트를 하던 카페 근처에는 모 홈쇼핑 본사가 있었습니다. 손님 중에 그 회사의 사원증을 목에 걸고 오는 사람이 많다는 것을 발견한 사장님은 그들에게 특별 할인을 해준다는 이벤트를 내걸었죠. 덕분에 알바들은 누가 봐도 직장인이 아니지만 깜빡하고 사원증을 두고 왔다고 말하는 사람들, 왜 우리 회사는 안 해주냐며 따지는 사람들과 실랑이를 벌여야 했습니다. 지나고 생각해보니 그냥 다 해줘 버리면 모두가 행복했을 텐데 말이죠. 사장님이 옆에서 지켜보고 있는데 그럴 수도 없고…. 아무튼, 이 사례를 마케팅적 관점에서 정리해보면 '고객들의 특징 중 공통점을 찾아내서 그에 해당하는 고객에게 혜택을 준다!'라는 명쾌한 논리로 프로모션을 진행한 것이라고 할 수 있겠습니다. 그런데 오프라인에서야 고객이 원치 않아도 고객의 인상착의가 확인이 된다지만 온라인에서는 그런 것들을 어떻게 확인할 수 있을까요?

## 분석 툴을 써봅시다

요즘 블로그의 통계 시스템은 역사 속 마케터들이 가지고 싶어 했던 데이터를 손쉽게 보여줍니다. 특히 네이버 블로그의 경우, 외부 채널에서의 유입이 거의 안 되는 대신 네이버의 회원정보를 이용해 어떤 인물이 어떤 경위로 내 블로그를 방문했는지 꽤 상세하게 보여줍니다. 방문자들의 연령대, 방문 시간과 검색어까지 알려주죠.

그래서 사이트 방문 분석을 처음 접하는 분이라면 네이버 블로그를 하나 만든 후 통계 탭을 유심히 체크해 보는 걸 추천하고 싶네요. 하다못해 연예인 가십과 이미지를 넣은 글

콘텐츠 제작과 툴 사용

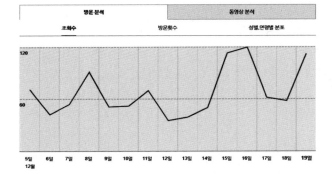

| 조회수 | 동영상 재생수 ⬤ | 공감수 ⑦ | 댓글수 | 이웃증감수 |
|---|---|---|---|---|
| **112** | **0** | **0** | **2** | **1** |

| 방문 분석 | 동영상 분석 |
|---|---|

조회수　　　　　　방문횟수　　　　　　성별,연령별 분포

**게시글 조회수 순위**

| 순위 | 게시글 제목 | 조회수 |
|---|---|---|
| 1 | 도망친 곳에 낙원은 없다 | 19 |
| 2 | 현대백화점 문화센터 강사 후기 | 8 |

**동영상 재생수 순위**

| 순위 | 동영상 제목 | 재생수 |
|---|---|---|
| | 해당 기간 내 순위 데이터가 없습니다. | |

만 조금 올려도 하루에 몇십 명은 접속합니다. 꼭 네이버가 아니더라도 유저가 직접 콘텐츠를 올리는 채널들은 대부분 이런 정보를 수집해 고객들에게 보여주는 메뉴를 마련하고 있습니다.

　그런데 이들은 자신들의 채널 안에서 일어나는 일들만 보여줄 수 있다는 것이 한계입니다. 쇼핑몰이나 회사의 공식 홈페이지 등 특정한 플랫폼이 없는 상황에서 직접 사이트를 운영하는 사람들은 이런 시스템을 이용하지 못하거나 제한적인 정보를 접할 수밖에 없습니다.

그런 채널을 운영하는 사람들을 위해 제공되는 로그분석 툴들이 몇 가지 있습니다. 로그분석 툴은 홈페이지에 몇 가지 코드를 심어두면 분석 시스템이 홈페이지에 접속한 고객들을 따라다니면서 그들이 어디서 왔는지, 무엇을 클릭하는지 등을 체크하기 쉬운 형태로 정리, 전달해주는 프로그램입니다. 홈페이지에 상주하는 관리자 하나를 앉혀두고 필요할 때 브리핑을 듣는 기능이라고 생각하시면 좋을 것 같네요.

요즘은 거의 구글에서 만든 구글 애널리틱스Google Analytics를 이용하는 추세입니다. 기능도 강력한데 무료거든요. 그리고 아무래도 업계 표준으로 자리매김하다 보니 이걸 쓸 줄 알면 이직에도 유리해집니다. 구글 애널리틱스, 구글 태그매니저 등의 키워드로 검색하면 초심자를 위한 설치 방법 안내 자료들도 많이 만나볼 수 있습니다. 공식 채널에서도 동영상 강의 등을 제공하고 있으니 참고하여 꼭 설치해보길 바랍니다. 어려우면 개발자들에게 도움을 요청하세요! 그것조차 곤란하다면 설치를 도와주는 업체도 있으니 돈을 조금 쓰더라도⋯ 꼭 설치하길 바랍니다. 참고로 네이버 블로그, 카페 등에서는 작동하지 않습니다.

### 사람들이 움직이는 게 신기해

우여곡절 끝에 설치에 성공했다면 이제 홈페이지를 들락날락거리는 사람들의 움직임을 확인할 수 있을 겁니다. 사실 이 글이 작은 회사를 대상으로 쓰여지다 보니 아마 처음 설치하고 수치들을 보다 보면 뭔가 잘못되었나 싶을 정도로 작은 수치들을 확인할 수 있을 거예요. 예를 들어 실시간 접속자수가 1인데 그게 나라거나⋯. 잘 돌아가고 있는 것은 맞을 겁니다. 하하⋯ 작고 귀여워⋯.

다른 여러 메뉴가 있지만 일단 유입 부분만 확인해보면 어떤 식의 방문이 많은지를 그래프와 숫자, 표로 볼 수 있습니다. 유입에도 종류가 있는데요, 구글에서 보편적으로 사용하는 보기들에는 이런 것들이 있습니다.

- 오가닉 서치Organic Search: 검색 유입
- 페이드Paid: 검색광고, 디스플레이 광고 등 유료 광고

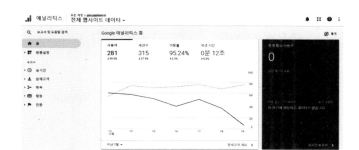

를 통해 클릭한 트래픽

- 리퍼럴Referral: 다른 웹사이트에서 링크를 눌러 타고 넘어온 유입
- 다이렉트/논Direct/None: 고객이 직접 주소를 입력해서 들어왔거나 출처가 불분명한 경우

그밖에도 '소셜Social' 등 다양한 분류가 존재하며 눌러보면 더 세부적인 내용도 확인할 수 있습니다. 설정하기에 따라 의미가 조금씩 달라지는데요, 구글 공식 채널이나 GA를 전문으로 다루는 사람들의 글을 보면 더 정확하게 분석한 내용을 확인할 수 있습니다.

그런데 마지막 항목, '다이렉트/논'이 참 애매하네요. 즐

---

겨찾기 같은 기능으로 바로 들어왔을 수도 있지만 요즘 시대에 직접 주소를 쳐서 들어오는 사람이 많을까요? 구글도 잘 몰라서 저렇게 써 놓았을 가능성이 큽니다. 관심법에 통달한 자가 아니고서야 이 사람이 어디서 무슨 생각을 가지고 들어왔는지 정확하게 파악하기는 힘듭니다. 방문자수가 많아지면 많아질수록 이런 '출처 모를 유입'은 점점 더 많아질 것입니다. 그리하여 당신이 데이터 기반의 마케팅을 하고 싶다면 이 '기타 유입'을 줄여나가는 것이 중요한 과업이 될 것입니다.

### 당신은~ 누구십니까~

구글 애널리틱스를 비롯한 웹 로그분석 툴은 사람들이 들고 오는 '주소'를 스캔합니다. 지난 시간에 파라미터 값에 대해 이야기하면서 주소(링크)에 다양한 정보가 담길 수 있다는 것을 말씀드렸습니다. 미스터리한 '다이렉트/논'의 한계를 이것들로 조금이나마 극복할 수 있습니다! 파라미터 값을 쓰는 방법은 일반적으로 이렇습니다.

'원래 주소+?+파라미터 값+&+파라미터 값+ …'

이렇게 추가해나가는 구조입니다. 파라미터 값은 하나만 넣을 수도, 여러 개를 넣을 수도 있습니다. 여기서 '?'는 '여기서부터 주소가 아니라 파라미터 값이다.'를 말해주는 구분선입니다. 앞쪽의 주소는 입구, 즉 사용자가 웹브라우저에 들어오는 문이고, '?' 뒤에 붙기 시작하는 내용부터는 마케터가 확인할 수 있는 꼬리표라고 생각하면 됩니다. '&'는 글자 그대로 '그리고and'의 의미로 사용됩니다. 꼬리표는 여러 개를 붙일 수 있습니다. 이 사람이 어디에 있는 링크를 타고 들어왔는지, 그 사이트의 어떤 위치에 있는 버튼을 눌렀는지, 때로는 위치가 아니라 시간이나 추천인 코드 같은 시시콜콜한 내용까지도 덧붙일 수 있답니다. 실제로 게시판이나 카톡방 같은 곳의 '핫딜' 링크에는 누군가의 추천인 코드가 숨어있을 확률이 높습니다. 그 링크에서 구매가 일어난다면 그 사람이 리베이트를 받겠죠?

개념에 대한 설명은 이정도로 마치고 파라미터 값을 실제로 사용하는 방법에 대한 예를 들어볼게요. 가상의 쇼핑몰 '곳사슴몰'에 찾아오는 고객들 중 '네이버 블로그'의 '링크 이벤트'를 통해 유입된 고객을 알고 싶어서 이런 주소를 만들었다고 칩시다.

---

'https://deermall.co.kr/?channel=n_blog&event=link'

쇼핑몰 주소 뒤에 '?'를 붙인 뒤 한 덩어리, 그리고 '&'를 이용해 한 덩어리가 더 붙어있는 구조군요! 사용하는 방법에 정답은 없지만 대부분 이렇게 큰 카테고리를 만든 뒤 세부 내용을 설명하는 방식을 쓰고 있습니다. 위의 링크를 쪼개어 분석해보면 이렇습니다.

카테고리: channel, event
세부내용: n_blog, link

이렇게 해야 같이 일할 때 서로 알아듣기 편하고, 자신이 까먹는 일도 방지할 수 있기 때문이죠. 짧게 정리하고 가자면 'channel' 안에는 네이버 블로그, 페이스북, 인스타그램 등 고객이 유입되는 채널이 어디인지가 들어갈 것이고, 'event' 안에는 이벤트의 이름이 들어갈 것입니다. 백날 설명해 봐도 한 번 직접 써보는 것만 못합니다. 당장 여러분의 홈페이지에 어떤 경로로 사람들이 들어오는지를 생각해본 후 파라미터 값을 만들어보세요. 파라미터 값은 일관되게 사용되어야 합니다. 그래야 통계가 유의미해집니다. 웹 로그 분석 툴에서 한 번에 보아야 하기 때문이죠. 그게 아니면 아무 의미 없는 글자 쪼가리에 불과합니다.

로그분석 툴에서는 '파라미터 값에 이 텍스트가 들어있는가?'라는 조건을 걸어 수많은 고객들 중 그에 해당하는 수치의 크기를 확인할 수 있습니다. 날짜, 기간별로도 볼 수 있으니 유용하게 사용되겠죠. 물론 저 긴 주소가 전부 드러나도록 하면 다른 마케터들이 무슨 뜻인지 추적이 가능하고, 고객 입장에서도 의구심을 갖거나 전달할 때 불편할 수도 있으니 '비틀리bitly', '구글 URL 쇼터google url shortner' 등 URL을 짧게 줄여주는 서비스를 이용하는 것이 센스입니다.

다시 카페로 돌아와, 이제 사람들이 당신이 달아놓은 파라미터 값을 달고서 들어온다고 생각해봅시다. 여러분은 문을 열고 들어오는 고객을 보다 정확하게 분류할 수 있게 된 셈입니다.

성별: 남자/여자

식사유무: Y/N

나이: 숫자

표정: 좋음/성남/무표정…

이런 식으로 파라미터 값을 설정하고 읽어낼 수 있다면 우리 카페에 방문하는 사람들에 대한 정확한 타깃 구분이 가능해지고 나아가 고객의 다음 행동까지 예측할 수 있을 것입니다. 평범한 마케터의 일이죠. 번거로운 작업이지만 어떤 형태의 고객이 어떤 움직임을 보이는지 체크하기 위해서는 어쩔 수 없습니다. 달리 생각해서 이런 과정이 자동화되거나 쉬운 일이었다면 여러분은 설 자리를 잃을 것입니다….

어떤 이벤트를 진행했다면 어느 채널에서 가장 호응이 좋았는지, 이벤트 진행기간 동안 해당 이벤트 때문에 방문한 고객은 전체의 몇 %였는지 등을 파악해야 당신의 마케팅이 어떤 결과를 만들어냈는지 알 수 있습니다. 일을 했을 때 어떤 결론을 냈는가를 항상 중요하게 생각해야 하며, 실패했을지언정 결과를 정확하게 알고 있어야 '일을 한 것'이 됩니다.

### 사실은 그래요

사실 작은 회사에서 데이터 사이언스를 한다는 것이 매우 쓸데없는 일일 수도 있습니다. 데이터를 보고 있으면 우리가 뭘 잘못하고 있는지 빤히 보이는데 윗분들은 두 눈을 감고 두 귀를 막고 핸들이 고장 난 8톤 트럭마냥 신나게 어둠의 구렁텅이로 내달리기도 하거든요. 데이터 기반을 마련하기까지 시간이나 자본은 끊임없이 투입되는데 데이터를 본다고 해서 당장 달라지는 것은 없고, 무슨 움직임이라고 있는 것도 굉장히 미미할 것입니다. 하지만 고객과 기업의 접점에서 어떤 상호작용이 일어나는지 가장 생생하게 확인할 수 있는 곳이 바로 로그분석 창입니다.

차후 마케팅 퍼널(깔때기) 개념에 대해서 설명드릴 텐데요, 이런 로그분석 툴의 통계자료를 보았느냐 보지 못했느냐에 따라 이해도와 응용 수준이 그야말로 하늘과 땅 차이일 것입니다. 마케터의 레벨이 판가름 나는 기준이라고 해도 과언이 아닙니다.

사실 마케터 직책을 달고 있는 사람들 중 코딩 지식이 있는 사람은 아직 그렇게 많지 않거든요. 그래서 이런 분석 툴을 개발자가 개발해주길 기다리거나 다른 유료 툴에 의존하고, 그 결과도 제대로 파악하지 못하는 경우가 많습니다. 원리를 모르니까요. 하지만 시대는 계속 바뀌고 있습니다. 데이터를 스스로 볼 줄 아는 사람들이 살아남을 것입니다.

우리도 작은 회사에서 계속 커가야죠. 주변에서 지원해 주지 않는다면 직접 움직여야 합니다. 어렵다고만 생각하고 넘어가지 말고, 꼭 다양한 실험을 해보길 바랍니다. 그리고 그 자료를 보관하세요. 아마도 미래에 최고로 중요한 자산이 될 것입니다.

# 창작하는
# 관종 마케터들을 위해

콘텐츠 제작과 툴 사용

웹툰 '유미의 세포들'에 등장하는 주인공 유미는 '글을 재미있게 쓰네?'라는 주변의 칭찬에 힘입어 마케팅 부서에서 글쓰기를 담당하는 직원이 됩니다. 사람들이 마케팅 지옥에 걸려들고 마는 데는 여러 가지 이유가 있습니다만 저는 위의 경우에 가장 가까웠던 것 같아요. 친구들과 공모전에 나가면서 따로 글 쓸 사람이 없어 깨작깨작 쓰던 글의 반응이 나쁘지 않다 보니 그만…. 어떻게 보면 대학 전공이 아니라 취미에 가깝던 일이 본업으로 발전한 케이스입니다.

한참 일을 하다 보니 회사에서 콘텐츠를 만드는 일이 취미로 글을 쓰거나 웹툰을 그려 여러 채널에 뿌리는 것과 크게 다를 바 없다는 생각이 들었습니다. 뭔가를 만들어 뿌린 뒤 반응을 살펴보는 일 자체는 소위 크리에이터라고 불리는 사람들의 행동 패턴과 크게 다를 것이 없거든요. 차이가 있다면 내 것을 올리느냐, 회사 것을 올리느냐의 차이죠. 회사의 일이 조금 더 복잡하고 체계적이며 큰 책임을 동반하기는 하네요. 그래서 마케팅 콘텐츠를 만드는 일련의 작업들은 '창작의 고통'이라 불러도 과언이 아닙니다. 이제 어디 가서 "제가 조금… 크리에이티브한 일을 하거든요."라며 뭐라도 있는 척을 해봅시다.

이번 장에서는 앞서 이야기한 내용을 다시 정리하며 크리에이티브한 일을 하기 위해 생각해 봐야 하는 것들을 짚고 넘어가보겠습니다.

## 목표는 명확하게

모든 콘텐츠 마케팅은 제작하기 전에 목표를 명확히 잡는 것이 중요합니다. 목적과 그에 걸맞은 결론이 없는 콘텐츠를 사람들은 좋아하지 않습니다. 당장 블로그나 유튜브를 볼까요? '○○에 대해 알아보자!'라는 제목을 달아놓고 막상 들어가 보면 '저도 안 해봐서 모르겠네요.'라는 소리를 해대는 콘텐츠들이 많습니다. 사람들은 이런 콘텐츠에 염증을 느낍니다. 여러분의 채널은 그래서는 안 됩니다. 이러니저러니 해도 회사 이름이 걸려있으니까요.

회사에서 만들어지는 콘텐츠는 방향성과 전문성이 묻어나야 하며, 결국 콘텐츠를 보던 고객의 지갑이 열려야 한다는 사실을 잊어서는 안 됩니다. 회사가 운영되고 있다는 사실을 알리고, 즐거운 분위기를 전달하는 것은 부수적인 일입니다. 이 사실을 항상 기억하면서 그 틀을 벗어나는 것들은 과감하게 제거해나가길 바랍니다. 에너지 낭비를 막읍시다.

■ 콘텐츠로 유혹하기: 키워드 조절

앞서 '콘텐츠 쌓기의 미학'에서는 콘텐츠를 기획하는 방법과 일단 콘텐츠를 만들어서 쌓자는 이야기를 했습니다. 정말로, 뭐라도 만들어 놓으면 사람들이 들어와서 봅니다! 그러나 우리가 목표로 하는 고객과 거리가 먼 사람들이 보는 것은 의미가 없겠죠. 우리에게 필요한 고객들, 잠재 고객들이 비슷한 것을 검색했을 때 걸려서 들어올 수 있도록 물밑 작업을 꾸준히 해야 합니다. 이를 '키워드 작업'이라고 하는데요, 키워드를 선정할 때 생각해야 할 몇 가지를 짚어보겠습니다.

1. 사람들은 똑같은 사물도 다르게 부른다

같은 것도 '트램펄린'이라고 부르는 사람이 있고, '방방'이라고 부르는 사람이 있습니다. 어느 지역에서는 '덤블링', 어디서는 '콩콩', 어디서는 '퐁퐁'이라고도 부른답니다. 만약 당신이 저 트램펄린을 판매할 때 물건을 소개하는 문구에 '방방' 하나만 사용했다면 이 상품에 관심이 있는 전국의 사람들 중 경기도에서 유년시절을 보낸 고객들만이 이 상품을 만나볼 수 있게 됩니다. 다른 지역의 호칭을 섞어 쓰거나 언급해준다면 다른 지역 사람들에게 이 상품이 발견될 확률도 늘어나겠죠.

## 2. 사람들은 정확한 이름을 모른다

"왜 그거 있잖아~ 커피콩 갈 때 쓰는 그거~"

그럴 일은 없겠지만 처음부터 끝까지 상품을 '커피 그라인더'라고만 적는다면 이 고객은 평생 만날 수 없을 겁니다. 설명하는 글에 '커피콩, 분쇄, 가루, 갈다, 커피가루' 등의 키워드가 포함되면 가능성이 높아질 것입니다. 여러 가지 표현을 써야 한다는 뜻입니다. 상품이나 글을 등록할 때 '커피용품'처럼 포괄적인 카테고리에도 포함시키는 작업을 해야겠죠.

## 3. 사람들은 때론 고집을 부린다

저는 콘텐츠라는 단어를 쓸 때 국립국어원 표기법에 맞춰 '콘텐츠'라고 씁니다. 그런데 제 상사들은 곧 죽어도 '컨텐츠'라고 쓰더군요. 그거 잘못된 표기방법이라고 몇 번을 말해도 안 고칩니다. 말맛이 안 산다고 일부러 그렇게 쓰는 사람도 있었습니다. 나이 지긋하신 분들 중에서는 블로그를

'블러그', 마케팅을 '마켓팅'으로 쓰는 분들도 아직 참 많습니다. 검색할 때도 그렇겠죠? 요즘은 검색엔진이 좋아져 알아서 비슷한 단어를 찾아주긴 하지만 우리는 이런 '단어의 오용'까지도 포용할 수 있어야 합니다. 이렇게 본문 안에 들어가는 단어들을 적절하게 배치하는 과정을 '키워드 작업'이라고 한답니다.

'어떤 키워드가 많이 검색되는가?'와 같은 키워드 관련 궁금증은 '네이버 데이터 랩'이라는 곳에서 많은 도움을 받을 수 있습니다. 국내에서 가장 한국어 검색량이 많은 네이버가 운영하는 페이지로, 일정기간 동안 그 검색어가 얼마나 검색되었는지, 요즘 사람들이 가장 자주 검색하는 키워드가 뭔지 등 검색과 관련된 다양한 정보를 확인할 수 있습니다.

■ 플랫폼 찾기: 채널 선정

앞서 '마케터가 쏘아올린 작은 콘텐츠'에서는 채널과 관련된 내용을 소개했습니다. 이 시점까지 무슨 콘텐츠를 만들어야 할지 전혀 감을 잡지 못하고 있거나, 무조건 인스타그램, 유튜브처럼 요즘 잘 나가는 채널에 맞춰 콘텐츠를 개발하겠다는 생각을 하고 있는 사람들도 있을 텐데요. 무리해서 그런 채널만 공략할 필요는 없다고 말하고 싶습니다. 반드시 큰 플랫폼에 당신의 콘텐츠를 끼워 맞출 필요는 없습니다.

　사실 작은 회사의 콘텐츠는 어디에 올린다고 해서 갑자기 많은 사람들이 관심을 갖지는 않습니다. 메인 카피의 거대한 오타가 몇 달 뒤에 발견되기도 하는 세계죠. 차라리 사람들이 관심을 가지지 않는다는 것을 역이용해 정말 작은 채널을 조금씩 건드려보기를 추천합니다. 주변에 쓰는 사람은 하나도 없는 것 같은데 신기하게도 유지되는 포털사이트가 분명 있습니다. 회사 입장에서는 1가지에 집중하지 못하는 모습이 고까울 수 있지만 마케터 개인의 입장에서는 그런 것 하나하나가 경험입니다. '니들이 교육 안 시켜주면 내가 알아서 배운다.'는 심정으로 콘텐츠를 퍼다 날라봅시다.

　여행 칼럼을 쓰던 제 친구는 콘텐츠를 배포하는 채널로 네이버나 다음 같은 메이저한 플랫폼이 아닌 '싸이월드'를 선택했습니다. 당시에도 몰락해가던 플랫폼이었던 싸이월드는 콘텐츠 공급자가 워낙 없다 보니 제법 완성도 있는 친구의 콘텐츠를 메인페이지에 상당히 자주 소개시켜주곤 했죠. 이는 당시 연결되어있던 네이트 메인에 소개되는 것으로 이어졌습니다. 그걸 기회 삼아 친구는 여행사에서 연락을 받아 당시 유행하던 서포터즈 활동에 초대받기도 하는 등 좋은 기회를 많이 얻었다고 하네요. 용의 갈기털보다는 뱀의 머리가 된 것이죠. 우리는 작은 회사니까 이런 식으로 작은 채널들을 건드렸을 때 얻는 것이 더 많을 수도 있습니다. 모쪼록 만든 콘텐츠를 메이저 채널에만 올리지 말고 다양한 곳에 올려서 최대한 다양한 반응을 수집하길 바랍니다.


■ 연결하기: CTA

앞서 콘텐츠를 보는 사람들의 특성과 그들을 다음 행동으로 연결하는 버튼, CTA에 대해 이야기했습니다. 사람들은 관심 있는 것을 볼 때 하나만 보지 않습니다. 똑같은 이야기를 하는 콘텐츠도 여러 개 찾아보죠. 이런 경향은 사치품처럼 금액이 큰 재화를 구매할 때 더 크게 나타납니다. 제 친구들은 차를 사기 전에 해외 유튜브 채널에 올라온 자동차 리뷰까지 전부 다 체크한 다음 구매를 하더라고요. 옵션별 제원을 달달 외울 정도로….

그런 의미에서 콘텐츠끼리 연결성을 높이고, 관심이 있으면 문의하기, 구매하기까지 한 콘텐츠 안에서 이어질 수 있도록 하는 것이 CTA의 주된 목표였습니다. 따라서 여러분은 디자이너들과 상의해 누름 직한 버튼의 형태를 꾸준히 개발하고, 그 버튼이 얼마나 눌리는지 파악하는 작업을 해야 합니다. 그러지 않으면 당신의 콘텐츠는 그냥 흥미로운 데이터 조각이 될 가능성이 매우 높습니다.

■ 통계와 친해지기: 고객 추적

앞서 '고객에게 쓰는 관심법'에서는 웹 로그분석 툴을 이야기했습니다. CTA와 연결점이 많은 내용입니다. 콘텐츠를 보고 얼마나 많은 유입이 생겨나는가는 해당 콘텐츠에 있는 CTA의 주소 값에 파라미터 값을 넣어서 확인할 수 있거든요. 또 파라미터 값에 따라 수치를 확인할 수 있어야 해당 CTA가 얼마나 클릭되는지를 알 수 있고요. 외부에 링크를 연결할 때는 항상 주소에 파라미터 값을 넣는 것을 기억하고, 정해진 규칙에 따라 일관되게 사용하는 습관을 만들어봅시다. 익숙해집시다!

앞선 내용들을 정리하자면 내가 만든 콘텐츠에 최대한 많은 관심이 쏠릴 수 있도록 하고, 그 안에서 어떤 움직임이 일어나는지를 알아내는 것이 콘텐츠 마케터의 덕목입니다.

## 정리계의 센세이션

'스프레드시트'는 현대 문명에 지대한 영향을 끼친 프로그램입니다. 복잡하게 흩어진 내용을 보기 좋게 정리해주는데, 정리한 사람뿐만 아니라 같이 일하는 모든 사람들에게도 상황을 쉽게 설명해준다는 점에서 굉장한 파괴력을 지니죠. 먼저 방문자 수가 어떤 식으로 변하고 있는지를 파악하려 한다고 칩시다. 지금 당장은 구글 애널리틱스 같은 분석 툴이 보기 쉽게 정리해주겠지만 시간이 지난 뒤 당신이 지금 보고 있는 화면을 다시 보기 위해서는 데이터 구간을 설정하고, 필터를 다시 잡는 등 여러 가지 일을 처음부터 다시 해야만 합니다. 기간이 길어질수록, 봐야 하는 데이터가 많을수록 정리에 필요한 시간은 길어지겠죠. 그리고 숫자만 가지고선 그 기간에 무슨 일이 있었는지 연결성을 찾기가 힘듭니다. 3년 전에 방문자 수가 폭발적으로 늘었는데 그때 무슨 일이 있었는지 바로 기억하는 사람이 있을까요? 저는 어제 점심으로 뭘 먹었는지도 기억 못하는데요. 그런 의미에서 각종 지표를 정리한 문서는 꼭 필요합니다. 위에서 불합리한 이유로 쫄 때 '네가 그때 이렇게 명령해서 이런 결과가 나왔었잖아.'라면서 카운터를 칠 때도 요긴하게 사용

됩니다.

여러분의 방식으로 정리하되, 문서를 통해 어떤 것을 빠르게 확인하고 싶은지를 명확하게 잡고 들어가길 바랍니다. 제가 추천하는 것은 3개의 문서를 만드는 것입니다.

1. 채널 추이

채널별 월별 유입량 및 유입 출처, 광고 집행 비용 및 결과, 전환율 등

2. 콘텐츠 결과

콘텐츠별 조회수, 댓글, '좋아요' 등 반응, 콘텐츠에 적용한 변화, 전환율 등

3. 리소스 정리

콘텐츠 제작 시 사용되는 템플릿, 제안서의 위치, 업데이트 일자 등

이런 데이터들을 손에 쥐고 있으면 업무 스케줄링을 할 때에도 큰 도움이 됩니다. '앞으로 이 정도의 업무가 이 기

간 동안 이루어질 것이며, 그를 통해 이 정도 결과를 얻을 것이다.'라는 예측을 위해서는 과거의 데이터가 필요하기 때문이죠. 만들고 정리하다 보면 당신이 하는 일이 점점 '나 없으면 제대로 안 굴러가는 일'이 되어가는 것을 느끼게 될 겁니다.

세스 고딘이라는 유명한 마케팅 구루는 콘텐츠 마케터들에게 이런 말을 했습니다.

"콘텐츠 마케팅 회사에서 일하는 당신은 당연히 자신이 인터넷에 올린 글이 몇 번이나 조회됐는지 강박적으로 확인할 것이다. 자신이 쓴 형편없는 글을 부끄럽게 여기면서 말이다."

꽤 많은 것을 시사하는 말입니다. 솔직히 읽을 때마다 뜨끔합니다. 여러분의 콘텐츠가 부끄럽지 않을 때까지 창작의 기술을 갈고 닦으며 분석적으로 행동하는 마케터가 되길 바랍니다.

"제가 조금…
크리에이티브한
일을 하거든요."

# 3장

# 작은 회사는
# 그럴 여력이
# 없습니다!

## : 광고와 홍보

# 작은 회사에서 광고하기

어느 정도 규모가 있는 회사라면 광고 대행사를 두고 일하지만 작은 회사는 그럴 여력이 없습니다. 인건비 줄여보겠다고 눈에 불을 켜고 상대의 결점을 찾아 합의된 연봉을 깎아내리기까지 하는 야속한 중소기업의 세계에서 성공 가능성도 낮고 성과 측정도 애매한 광고에 소중한 자금을 쓰는 일은 사치라고 느껴지기 쉬우니까요. 그렇지 않은 대표나 상사를 만나는 것은 굉장한 행운입니다.

그럼에도 불구하고 우리를 알리기 위해서는 광고가 필요합니다. 우리는 작은 회사에 다닌다는 이유로 마케터라는 직책을 단 채 가끔은 영업까지 뛰기도 하지만 결국 돌고 돌아 광고를 해야 하는 상황에 놓이게 됩니다.

기존 고객이나 마켓을 관리하는 것은 사실 '영업'의 영역이라고 보는 것이 일반적이고, '마케터'는 주로 새로운 시장을 개척하고 그곳에서 사람들을 데려와야 합니다. 모르는 사람에게 우리를 보여주는 것은 광고의 일입니다. 세상 온갖 미디어에는 광고가 붙어있고, 뭔가를 판매하는 사람이라면 자연스럽게 '저 위치'에 자사 광고가 들어간 모습을 상상할 수밖에 없습니다. 그렇지 않은 사람이 경영이나 마케팅을 해서는 안 된다고, 감히 말씀드릴 수 있습니다. 광고 역시 마케팅만큼이나 범위가 넓고 사람마다 다른 답을 내지만 결국 '돈을 써서 우리 브랜드를 알리는 일'이라는 점에서 크게 다르지 않습니다.

그런데 돈을 쓴다고 해서 모두가 우리 상품을 알게 되고, 사랑하게 되는 것은 아닙니다. 또 돈을 적게 쓴다고 해서 전혀 효과가 없는 것도 아닙니다. 이런 특성 때문에 광고는 하기도 어렵고 승인을 받기는 더 어려운 것이죠.

### 광고하기 전에 상품부터 봅시다

먼저 상품, 서비스 개발이 완료되기 전에 광고부터 하는 일은 피해야 합니다. 전 직장에서는 개발 중이던 온라인 광고 솔루션이 완성될 때 즈음, 저를 불러 오픈 날에 맞춰 광고를 태우라는 지시를 내렸습니다. 부끄럽지만 솔직히 말해서 저는 그때까지 회사에서 그런 상품을 만들고 있는지도 몰랐습니다. 뭐 어쩌겠어요. 돈 주는 사람이 시키는데…. 개발자들을 따라다니면서 각 모듈에 대한 설명을 듣고, 전체 기능을 명세하고, 고객들에게 먹힐 만한 키워드를 뽑은 뒤 팀원들과 광고를 만들었습니다. 그리고 서비스 오픈 날에 광고를 틀었는데…, 서비스는 오픈이 되었으나 기능이 제대로 돌아가지 않는 최악의 상황을 마주하게 되었습니다. 기능이 작동하기는 하는데 그러기 위해선 굉장히 복잡한 설정을 거쳐야 했던 거죠. 고객이 공부를 하면서 이용해야 하는 서비스! 문의가 참 많이 들어왔습니다. 순수하게 질문만 하면 좋겠지만 사람들은 자신의 돈이 달린 문제이기에 짜증이 머리끝까지 나 있던 상태였습니다. 와중에 광고성과는 괜찮았습니다. 홈페이지 방문자 수는 그 달에 역대 최고치를 찍었죠. 그런데 그 이후, 서비스에 수많은 수정이 더해지고 여러 문제가 개선되었음에도 불구하고 사람들은 더 이상 광고를 눌러보지 않았습니다. 질려버린 고객들이 더 이상 그 서비스를 쳐다보지 않게 된 것입니다. 아마 앞으로 어떤 업데이트를 한다 해도 사람들은 그 서비스 이용을 고려하지 않을 것입니다. 브랜드가 망한 거죠. 결국 그 서비스는 접히고 말았습니다.

이미 떠난 고객의 마음을 돌리는 일은 세상에서 가장 어려운 일 중 하나입니다. 그러니 광고하자는 이야기를 듣고 바로 재밌는 크리에이티브를 만들 생각에 설레지 말고, 고객이 상품을 만나도 되는 단계인가를 먼저 생각하기 바랍니다. 아니라면 무엇이 문제인지 당당하게 말씀하세요. 직급이 낮다는 이유로 속으로만 별로라고 생각하고 있으면 "마케팅이 못해서 신규 인바운드가 없다." 따위의 말을 듣게 됩니다. 그때는 아무도 당신의 입장을 대변해주지 않을 것입니다.

### 그들이 사는 광고세상

광고를 기획하고 제작하는 과정은 기업 성향별로, 규모별로 천차만별이겠지만 광고 대행사가 어떤 식으로 일하는지를 파악한 뒤 그 시스템을 가져와 쓰면 편할 것입니다. 광고회사의 일은 제가 설명하는 것보다 훨씬 복잡하게도, 때로는 간소하게도 진행되지만 일단 제가 겪은 세계를 기반으로 정리해보겠습니다.

1. 비딩bidding이 비딩비딩

기획팀이 광고주로부터 OT를 받아옵니다. 보통 지정된 대행사가 받지만 경쟁 PT가 열린 상황이라면 4~5개 대행사가 함께 듣습니다. 이름 있는 광고주일수록 이름 있는 광고 대행사가 몰리고 그만큼 경쟁도 피 터집니다. 기획팀 사람들은 그 곳에서 이런 내용들을 듣습니다.

- 어떤 상품을 광고할 것인가?
- 상품이나 서비스의 USP(특장점)
- 광고를 통해 얻고자 하는 효과
- 고객에게 전하고 싶은 상품의 이미지
- 회사가 중요하게 생각하는 가치
- 꼭 드러났으면 하는 요소들
- 원하는 매체
- 예상 비용

이외에도 여러 가지가 있지만, 때로는 상품만 던져놓고는 USP마저 스스로 찾으라는 곳도 있습니다. 상품 이미지는 대외비라 제공할 수 없으니 알아서 만들어 쓰라는 곳도 있었습니다. 정말로요. 그럴 때마다 세상 일이 그렇게 철저하고 논리적으로 돌아가지만은 않는다는 것을 깨닫곤 했습니다. 자사 광고를 해야 하는 여러분은 기획에 들어가기 전에 이 모든 것을 정리하여 숙지하고 있어야 합니다. 우리는 일을 던져줄 대행사가 없습니다.

## 2. 기획이 기획기획

기획팀은 보고 들은 내용을 제작팀이 이해하기 쉬운 형태로 정리합니다. 관련 리서치나 통계를 붙이기도 하고 중요하게 생각하는 포인트를 뽑아 '팩트 북fact book' 같은 것으로 만든 뒤 어떤 식으로 문제를 풀어나갈지 전략을 대략적으로 짜 놓습니다. 그러면서 이 광고가 어떤 매체를 통해 전달되는지를 정리합니다. 보통 종합 광고 대행사의 경우 광고를 하나만 만들지는 않습니다. 영상, 이미지, 필요한 리소스들, 연결 이벤트 등 별별 것들을 다 만들어줍니다. 이런 것들을 하나로 묶어 '광고 캠페인'이라고 한답니다.

이제 정리된 내용(상황, 전략, 매체)을 제작팀에 던집니다! 그러면서 질문을 받기도, 전략이 변경되기도 합니다. 이 회의를 '킥오프'라고 부르는데 킥오프에 들어가면 제작팀은 1달 정도 정상적인 출퇴근을 할 수 없습니다. 그리고 킥오프 회의는 꼭 정규 퇴근시간 이후에 하는 것이 관례인 듯 합니다. 왜인지는 저도 잘 모르겠습니다.

## 3. 제작이 제작제작

이제 제작팀은 새벽별과 친해집니다. 좋은 아이디어가 나올 때까지 레퍼런스를 찾아보고, 쓸모없는 글을 깨작여보고, 괜찮은 것이 나올 때까지 마라톤 회의를 이어갑니다. 그리고 '테마'를 결정합니다. 테마, 많은 것을 내포하는 단어입니다. 테마는 CDCreative Director라고 불리는 높으신 분들이 결정하는데요, 새끼 직원들은 그분의 영감을 불러일으키기 위해 끝없이 아이디어 땔감을 넣는 역할을 맡게 됩니다.

그렇게 테마가 결정되면 카피라이터들은 그에 맞는 온갖 문구를 작성하죠. 영상이 있으면 시나리오도 쓰고, 상황에 맞는 긴 글, 짧은 글, SNS 문구까지 작성합니다. ADArt Director들은 그 테마와 문구에 맞는 이미지를 찾고 조합해 새로운 이미지를 만들어냅니다. 전담 대행사로 확정되기 전에 상품이나 모델 촬영을 할 수 없으니 그야말로 '조합'을 하는 것입니다. 그 과정이 정말 굉장합니다. 없던 것이 생기고 있던 것이 사라지고… 그렇게 많은 이들의 피, 땀, 눈물이 모여 광고 캠페인 세트가 완성됩니다.

### 4. 매체가 매체매체

OT에서 듣는 내용 중 마지막, 예상 비용이 중요한 이유는 광고가 돈을 써야 사람들에게 보여지는 특성을 가진 콘텐츠이기 때문입니다. 얼마를 써서 어떤 결과를 만들 것인가, 이것은 광고의 본질이며 마케터라면 항상 생각해야 하는 부분입니다. 그리고 대부분의 경우 광고 제작비용보다 매체에 지불하는 비용이 더 큰 경우가 많습니다.

광고라는 것은 돈을 주고 인기 있는 자리를 사서 우리의 상품과 메시지를 보여주는 일입니다. 어떤 자리인지, 언제 보여주는지에 따라 가격이 크게 달라지죠. 광고쟁이들은 기껏 만든 콘텐츠를 한 채널에서만 쓸 수 없으니, 다양하게 변형시켜 여러 채널에 뿌립니다. 이것을 '매체관리'라고 합니다. 굉장히 전문적인 영역이라 이것만 설계하는 '미디어랩사'라는 곳도 존재합니다.

5. 심판의 날

모든 것이 완료되면 완성본을 들고 광고주를 찾아가 경쟁 PT를 진행합니다. PT는 대개 이런 순서로 진행됩니다.

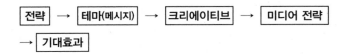

전략 → 테마(메시지) → 크리에이티브 → 미디어 전략 → 기대효과

모두 앞서 나온 내용들입니다. 전략은 기획팀이 상품과 기업의 특성, 그리고 이번 광고에서 보여줘야 할 메시지를 어떤 방식으로 설명할 것인지를 보여줍니다. 날씨가 추우니 따뜻한 느낌을 주는 모델과 그에 맞는 크리에이티브를 준비했다거나, 신규 브랜드이기 때문에 많은 사람들에게 강렬한 인상을 남기는 방안을 선택했다거나, 뭐 그런 고민들이죠.

테마는 그 생각을 담을 하나의 문장, 또는 단어를 던지고 뒤에 나올 크리에이티브에 설득력을 더해주는 역할을 합니다. 테마 그 자체가 카피가 되는 광고들도 있죠. 크리에이티브는 1가지만 나오지 않습니다. 생각한 테마 안에서 많은 경우 5개까지 준비합니다.

미디어 전략은 위에서 언급한 그대로입니다. 그래서 만들어진 콘텐츠를 어느 매체에 얼마나, 어떻게 뿌릴 것인지 주로 액수와 비율에 대해서 이야기합니다. 이를 얼마나 설득력 있게 전달하느냐가 AEAccount Executive의 실력이 되는 것입니다.

마지막으로, 그로 인해 얻어질 효과를 장밋빛으로 예상하면서 PT는 마무리됩니다.

어느 것 하나 중요하지 않은 것이 없죠. 물론 대행사마다 성격이 달라서 저 중 1가지를 특별히 잘하는 회사도, 전체적으로 밸런스를 잘 잡는 회사도 있습니다. 크리에이티브가 강렬했지만 상품은 기억에 안 남는 광고, 광고는 무난한데 정말 그만 보고 싶을 때까지 들이대는 광고, 각자 잘하는 영역이 따로 있죠. 선택은 광고주 마케터의 몫입니다. 그리고 선택받지 못한 대행사 사람들은 술병을 얻습니다.

자, 그들에게 선택받아 PT를 따냈다면 새로운 일이 시작됩니다. 통과된 목표를 달성해나가는 것은 이제 다른 차원의 문제입니다. 그리고 잠시 잊으셨겠지만 작은 회사의 여러분은 이 일을 모두 혼자서 하셔야 합니다.

길게 설명했지만 광고의 본질만 기억하세요. 어느 정도의 돈을 써서 어떤 메시지를 보여줄 것이며, 그로 인해 얻는 효과가 무엇인가가 본질입니다. 이건 그 누구도 정답을 말해줄 수 없습니다. 심지어 '광고성과'라는 것은 정말 해석하기 나름입니다. 사람들의 행동, 특히 사람들이 상품을 구매한 이유는 논리적으로 설명이 불가능하기 때문에 무조건 광고 덕분이라고 설명하기 힘들거든요. 광고를 보고 기억해두었다가 한참이 지난 시점에 구매를 하는 사람도, 원래 사려고 했는데 공교롭게도 한창 광고를 하고 있는 시점에 구매하는 사람도 있습니다. 전자는 광고성과로 파악되지 않지만 후자는 광고성과로 파악됩니다. 해석은 광고를 보는 고객과 마케터, 그리고 사장님에게 달려 있습니다.

광고 콘텐츠를 만드는 일은 개인의 취향, 기업 분위기, 상품 성격에 따라 달라지겠지만 위에서 말한 본질만 흔들리지 않고 논리가 합당하다면 어떤 결과물을 만든다 해도 유의미한 결과를 얻을 수 있을 것입니다. 실패했다면 얼른 잘못된 부분을 체크하고 다른 길을 모색하면 되는 거예요. 다행히 작은 회사는 광고도 작고 귀여워서 재빠르게 방향을 틀 수 있다는 장점이 있습니다! 이는 분주하게 움직이지 않으면 순식간에 도태된다는 뜻으로도 해석이 가능합니다.

**까짓 것 해보죠!**

광고는 마케팅에서 하는 일 중 가장 비싼 분야의 일 중 하나입니다. 상품을 전혀 모르거나 제대로 알지 못하는 사람들에게 우리를 알게 해 준다는 점에서 굉장히 중요한 일이기 때문에 그 가치만큼 높은 돈을 지불해야 하는 영역이죠. 광고는 우리 회사의 얼굴이오, 대문의 형태를 결정하는 일입니다. 그리고 현실을 지독하게 반영하는 영역이죠.

작은 회사에서는 앞서 설명했던 콘텐츠 마케팅의 재료들 자체를 광고로 쓰기도 합니다. 멋진 광고를 만들 시간도, 돈도 없기 때문이죠. 멋있는(돈 많이 쓴) 크리에이티브는 꿈같은 이야기입니다. 사실 광고 대행사 사람들도 '나이키'나 '까르띠에' 광고를 본 후에 자신들의 광고를 보며 개탄스러워 할 때가 많습니다. 현실은 언제나 냉혹한 법. 현실 감각을 잃지 않으면서도 할 수 있는 범위 안에서 최대한의 성과를 내기 위해 노력하는 것이 크리에이티브를 만드는 마케터들의 고통이오, 일입니다.

가난할지언정 예쁘고 소박하게 꾸민 문 앞에서 고객을 맞이할 것인가, 돈은 돈대로 쓰고서 주변과 전혀 어울리지 않는 문 앞에서 어색하게 웃고 있을 것인가. 당신이 설계하고 실행하기에 달려있는 문제입니다.

# 우리 브랜드
# 여기 있어요!

광고와 홍보

유저 제작 기반의 채널이 흥할 때마다 '가짜뉴스'라는 문제가 생겨납니다. 아주 오래 전에는 블로그에서, 얼마 전까지는 페이스북에서 그렇게 기승을 부리더니 요즘은 유튜브에서 가장 성행하는 듯해요. 이 콘텐츠들은 잘못된 정보를 마치 진짜인 것처럼 말하거나, 어떤 사실을 이야기하며 특정 사상을 은근슬쩍 주입시켜 보는 이들의 눈과 귀를 어둡게 만든다는 특징이 있습니다. 그런데 신기하게도 진짜 전문가나 가족, 친구가 그 내용에 대해 아무리 반박해도 가짜뉴스에 빠진 사람은 절대 생각을 바꾸지 않습니다. 잘못된 정보가 신념으로 이어진 것이죠. 그런데 나쁘다고 무조건 배척만 할 것이 아닙니다. 어떤 매력이 이 같은 파괴력을 만들어내는지 생각해볼 필요가 있습니다. 그들의 콘텐츠가 가진 강력한 힘에 대해 정리해보겠습니다.

- 자극적인 소재로 사람들의 이목을 끈다.
- 공감되는 상황, 멘트를 통해 콘텐츠 보는 사람들을 '같은 생각을 가진 사람들'로 만든다.
- 진짜 정보 사이에 가짜 정보를 살짝 끼워 넣어 사람들이 신뢰하게끔 한다.

여기서 부정적인 것들만 제거해볼까요?

- 사람들의 이목을 끈다.
- 공감되는 상황, 멘트를 통해 콘텐츠 보는 사람들을 '같은 생각을 가진 사람들'로 만든다.
- '정보 전달'이라는 콘텐츠 특성을 살려 사람들이 신뢰하게끔 한다.

그렇습니다. 이게 홍보하는 사람들의 일입니다! 홍보를 기가 막히게 잘하는 브랜드는 상품이 가진 사소한 문제들을 특별한 감성으로 위장합니다. 다른 사람들이 어떤 문제를 겪고 있을 때 자연스럽게 그들의 브랜드를 추천하게끔 만듭니다. 때로는 정말 말도 안 되는 기업의 실수나 실책, 악행까지도 팬들이 직접 나서서 옹호하게끔 만들기도 합니다. 그래서 홍보는 작은 회사의 도약을 위해 반드시 필요합니다.

### 홍보와 광고 간 선 긋기

'마케팅학과'는 따로 없지만 대학에서 마케팅을 전공했다는 사람들은 대부분 경영학과나 광고홍보학과를 나옵니다.

왜 '광고홍보'학과일까요? 둘의 성격이 비슷하고, 실제로도 서로를 보완하는 역할을 하니까요. 그런데 또 둘이 딱 구분되는 개념은 아닙니다. 구글에 '홍보와 광고의 차이'를 검색해보면 나오는 글마다 해석이 다릅니다. 어떤 사람은 '홍보는 장기적으로 브랜드를 널리 알리는 일이고, 광고는 소비를 촉진시켜 구매를 일으키는 일 그 자체'라고도 합니다. 하지만 광고를 만드는 사람들도 브랜드를 널리 알리고, 사람들이 그 브랜드를 사랑하게 만드는 일을 합니다. 광고가 너무 멋있어서, 또는 재밌어서 상품과 브랜드에 반해본 경험은 누구나 한 번쯤 있을 것입니다. 기사를 보고 상품을 구매한 적도 있을 테고요.

이런 애매함에도 광고와 홍보가 두 단어로 나뉘게 된 이유는 그 세부적인 특성과 목표가 미묘하게 다르기 때문입니다. 그래서 여러분도 광고와 홍보의 영역에 대한 자신만의 구분선을 두고 일할 필요가 있습니다. 광고를 해야 하는 상황에서 홍보에 집중하거나 홍보를 해야 하는 상황에서 광고에 집중하게 되면 일은 일대로 하면서 성과는 하나도 못 건지게 되기 때문이죠. 저는 광고는 '대놓고', 홍보는 '은근히' 알리는 일이라는 저만의 기준을 세웠습니다. 국내에서 가장 다양하고도 영향력 있는 마케팅 활동을 하고 있는 '우아한 형제들(배민)'의 사례를 살펴볼까요?

기업의 거의 모든 활동에 자신들의 색을 입히려고 하는 이 사람들은 실제로 회사 안팎으로, '이런 걸 왜 하지?' 싶은 별별 일들을 하고 있습니다. 배우 류승룡이 나오면서 빵 터진 '광고'의 영역에서는 소비자로 하여금 앱을 깔고 이용하도록 하는 일에 주목합니다. 식사시간, 야식을 많이 먹는 시간에 맞춰서 고기 굽는 소리, 탄산 올라오는 소리와 비주얼을 극대화한 콘텐츠를 내보내는 캠페인을 진행한 적도 있습니다.

'홍보'의 영역에서도 여러 가지가 있겠지만 저는 각종 문구류에 자신들의 카피를 박아 넣는 '배민 문방구'를 예로 들고 싶네요. 자사의 대표 폰트 '한나체'를 사용해 온갖 생활용품에 유머러스한 카피를 적어두었는데요, 은근슬쩍 사람들에게 '배민'이라는 브랜드 컬러가 침투하도록 하고 있습니다. 그런데 이런 상품들과 배민의 이용률 간에 명확한 상관관계를 측정하기는 매우 힘듭니다. 광고와 홍보 모두 기업의 색깔이나 브랜드 가치를 많이 담고 있지만 광고는 직접적이고 어느 정도 성과측정이 가능한 데 비해(광고 게재 중 주문량 조사 등을 통해) 홍보는 본래의 서비스와는 상관없이 사람들이 브랜드에 천천히 젖어들게 만드는 역할을 합니다. 둘 중 뭐가 더 중요하다고 이야기하기는 참 어렵습니다. 둘은 분명 다르지만, 모두 중요합니다.

### 그래서 무슨 일을 해요?

네, 여기까지는 이론이고 저의 개인적인 생각입니다. 그런데 초보 마케터들은 광고와 홍보의 미묘한 관계가 아니라 '홍보팀은 무슨 일을 하는가?'를 더 궁금해 할 것 같습니다. 'PR'은 'Public Relations'의 약자입니다. 글자 그대로 '공적인 관계'를 관리하는 일을 말합니다. 조금 풀어서 말하자면 브랜드와 고객 사이, 그리고 그 사이 모든 이해관계자들의 관계를 위한 일을 말하죠. 한마디로 우리 브랜드의 모든 카피, 이미지, 마케팅 플랜 등을 통제하면서 여론을 만드는 힘을 가진 사람들이라고 볼 수 있습니다. 대표적으로 기자들과 관계를 만들어가는 팀입니다. 제가 모 제약회사의 홍보팀에 있을 때 했던 일들을 나열해볼게요.

— 자회사, 경쟁사 및 동종 제약업계 기사 확인 및 보고

– 보도자료 작성 및 기자 응대

– 기자 및 관계자 문의 대응

– 홍보영상 제작, 외부 취재 시 내용 검수

– 임원 인터뷰 시 대본 작성

– 논문 및 자료, 브로셔, 판촉물 제작 및 관리(영업)

다시 말해 외부 채널에서 볼 수 있는 모든 글을 작성함과 동시에 업계의 정보를 캐고 다니는 일을 했습니다. 가만히 있는 고객에게 상품을 들고 다가가는 광고와 달리, 찾아온 사람들에게 상품을 소개하는 콘텐츠를 만드는 일을 했다고 할 수 있습니다. 제가 일하던 제약회사는 반드시 의사의 처방전이 필요한 전문의약품만 팔던 곳이라 광고활동이 철저히 금지되어 있었습니다. 그래서 홍보팀은 의사나 환자들이 자연스럽게 우리 약을 발견할 수 있도록 소문을 내고 트랩을 까는 역할을 담당했습니다. 그들이 이용하는 인터넷 카페에 환자와 보호자인 척 글을 쓴 적도 있습니다.

'제가 듣기로 ○○약이 괜찮다던데, 써보신 분 있으신가요?'

'네, 저희 아버지도 투병 중이셔서 알아봤었는데, ○○한

효과가 있어서 ○○한 환자들한테 좋다고 하더라고요! 그런데 아직까지는 비급여 항목이라 의사선생님께 물어보셔야 해요!'

하고 나면 '현타'가 강하게 오지만 대부분 의약품 정보를 찾는 사람들은 절박하기 때문에 이런 작업도 꼭 필요했습니다. 이런 식으로 사용자들이 주로 찾아보는 콘텐츠, 기사 등을 통해 '광고스럽게' 정보를 전달하는 것을 '네이티브 애드native ad'라고 해요. 뉴스 기사인 줄 알았는데, 유머 콘텐츠인줄 알았는데 광고인 것들을 말하죠. 이런 활동을 '바이럴 광고'라고 하는 사람들도 있습니다. 홍보팀은 '대놓고 광고'가 아닌 콘텐츠를 만드는 암살자들이라고 할 수 있겠습니다.

## 작고 귀여운 회사와 기자들 사이

상장회사라면 기사에 굉장히 신경을 쓸 수밖에 없습니다. 주식 시장에 이름이 올라간 이상 회사 이름을 달고 나오는 기사 하나하나에 주가가 민감하게 반응하거든요. 일하는 사람 입장에서 진짜 별것 아닌 일도, 어떤 투자자들은 굉장한 일로 받아들이고 해석하여 유언비어를 퍼뜨리기도 합니다. 그래서 기사를 쓰는 사람들에게는 기자들과의 관계는 매우 중요합니다. 이들은 외부로 알려지면 좋은 소식을 퍼뜨리기도 하고, 다른 곳에서 우리를 비방하는 기사를 냈을 때 친분 있는 기자를 통해 반박 기사를 내보내기도 합니다. 기사는 어떤 사건이 있어야만 쓰는 것이 아닙니다. 전혀 이슈가 없는 시점이라도 기획기사에 긍정적으로 살짝 언급될 수 있습니다.

물론 기자들은 이 점을 이용해 기업들에게 해코지를 하기도 합니다. 이유도 참 다양합니다. 다른 회사에서 요구를 받았거나, 회사 측에 요구한 것이 받아들여지지 않았거나, 비밀 정보를 자신에게만 알려주지 않았거나, 그냥 말투가 마음에 안 들었다거나…. 정말 여러 가지 이유로 공격을 해옵니다. 이들은 똑같은 소식도 '아' 다르고 '어' 다르게 전달합니다. 정말이지 펜은 칼보다 강합니다. 그 펜의 힘을 감당하는 것도 홍보팀의 몫이죠. 그런데 또 역으로 기자들과 긍정적인 관계를 잘 유지하면 다른 회사의 동태나 업계 기밀사항을 살짝 귀띔해주기도 합니다. 그야말로 양날의 검이죠.

그런데 상장도 되지 않은 작은 회사는 사실 어떤 이슈가 있어도 기자들이 관심을 가지지 않습니다. 득 될 것이 없거든요. 돈도, 정보도, 조회수도…. 그래서 우리는 돈을 써서 뉴스 미디어를 삽니다. 돈만 내면 원하는 기사를 원하는 매체에 실어주는 회사들이 있습니다. 업체에 따라 단가나 게재 가능한 매체가 다양하니 조건에 맞춰 견적을 뽑은 후 작성한 기사를 보내면 됩니다. 아무도 관심이 없는데 굳이 기사를 내는 것은 간혹 대표의 과시욕 때문일 때도 있지만, 보통은 중요한 계약이나 투자를 앞두고 있는 시점일 경우가 많습니다. 회사가 작을수록 회사에 대한 정보는 얻기가 힘든데, 그럴 때 기사가 나가면 관계자들이 '이 회사는 대충 이런 일을 하고 있군!'이라는 견적을 낼 수 있기 때문이죠. 그래서 우리가 내는 보도자료에는 가능하면 많은 정보가 담겨야 하며 객관적인 척하면서도 그 내용을 긍정적으로 포장해야 합니다. 정해진 양식이 있는 것은 아니지만 대략 이런 내용들이 들어가야 합니다.

- 이 기업은 어떤 일을 전문으로 하는가?
- 대표 상품으로는 무엇이 있는가?
- 그 상품의 장점은 무엇인가?
- 최근 어떤 이슈가 있었는가?
- 그 이슈는 왜 중요한가?

– 그 이슈가 기업에 어떤 영향을 끼칠 것인가?

– 회사에는 어떤 인물이 있는가?

– 향후 어떤 계획이 있는가?


지금 네이버 뉴스 탭에 알고 있는 중소기업의 이름을 검색해 그들이 직접 만든 것으로 추정되는 보도자료 구성을 봅시다. 딱 저 내용을 비슷한 순서로 배치했을 거예요. 긴 버전은 저 내용 전부, 짧은 버전은 저 중 중요한 것 몇 가지만 추린 정도겠죠. 추가적으로 용어 해석이나 관련 통계가 들어가기도 합니다. 사람들은 회사를 정확한 이름만으로 검색하지 않으니 회사가 품을 수 있는 다양한 키워드가 들어가야 하는 것은 이제 설명하지 않아도 잘 아시겠죠? 문장이 수려할 필요는 없습니다. 우리는 시인이 아니라 마케터니까요. 글 쓰는 것에 정말 어려움을 느낀다면 전달하고 싶은 내용만 간단하게 정리해 업체에 전달하면 대신 작성해주기도 합니다. 다만 시간이 조금 걸리고, 원하지 않는 방향으로 작성되어 수정을 거쳐야 하는 문제가 생길 수 있죠. 글 구조보다, 문장력보다 중요한 것은 '주제와 메시지'입니다. 사실 저 중 몇 가지 요소가 빠져도 메시지만 정확하다면 상관없습니다. 잊지 마세요. 홍보는 거대한 우물에 브랜드라는 독을 푸는 행위입니다.

### 예쁘게 포장하기

제목은 정확하게 기억나지 않습니다만 하루 종일 MRI로 뇌 사진을 찍는 사람이 자기소개를 하는 2가지 방법에 대해 이야기하는 장면이 인상 깊어 기억하고 있는 소설이 있습니다.

"그냥 하루 종일 방사선과에서 사람들의 뇌 단면을 보는 일을 해요."
"사람의 머릿속을 관찰하는 일을 해요. 우리 뇌 속에 조그맣게 빈 공간이 있다는 것을 아세요? 저는 매일 그 공간을 보면서 사람의 영혼이 그 안에 들어있지 않을까 생각해요."

홍보는 단순한 이야기를 후자처럼 만드는 일입니다. 조금 더 장황하고, 과장됐더라도 흥미로워서 다음 이야기가 듣고 싶어지는 스토리를 만드는 일입니다. 작은 성과나 변화도 여러분이 어떻게 포장하느냐에 따라 크게 달라집니다. 어떤 메시지를 어떻게 뿌리느냐는 보도자료나 콘텐츠에만 국한되는 일이 아닙니다.

종종 박람회 같은 행사에 부스를 만들 일이 생길 텐데요, 최저가로 맞춘 볼펜에 회사 로고를 박아주는 것 대신 회사가 하는 일과 연관성 있는 상품을 주는 재밌는 상상부터 해보는 것은 어떨까요? 정말 쓸모없는 물건이더라도 그 물건을 볼 때마다 브랜드를 다시 한번 생각할 수 있도록 하는 것은 홍보입니다. 일하는 나는 분노조절장애에 걸리고, 매일 밤 베갯잇을 눈물로 적실지언정 사람들이 '오우, 좀 하는 회사인가 봐?'라고 생각할 수 있도록 여러분의 포장 기술이 나날이 늘어가길 응원합니다.

그렇습니다.
이게 홍보하는
사람들의
일입니다!

# 스팸은
# 의외로 맛있다

영업사원이었던 친척 형님은 술만 마시면 가장 힘들었던 영업사원 시절 이야기를 합니다. 하루는 형님이 '낙하산 영업'을 아냐고 물었습니다. 먼저 아무 빌딩이나 들어가 꼭대기 층으로 올라갑니다. 그다음 꼭대기 층부터 1층까지 모든 사무실의 초인종을 누르면서 자신들의 상품을 들이밉니다. 그 모습이 꼭대기에서부터 천천히 낙하산을 타고 내려오는 것 같다고 하여 '낙하산 영업'이라는 이름이 붙었다고 합니다. 굳이 설명을 듣지 않아도 문전박대, 때로는 멸시까지 받는 것이 일상이었으리라 추측할 수 있습니다.

지금은 이메일이나 문자 메시지 등이 발달하여 이런 활동이 많이 없어졌으리라고 생각되지만 여전히 일주일에 1~2번은 스팸 전화를 받고, 길 가다가 기운이 맑다는 소리를 듣는 것으로 볼 때 아직까지도 이런 영업활동을 하고 있는 사람은 많은 것 같습니다. 이렇게 뜬금없이, 내가 관심이 있든 없든 일단 들이밀고 보는 광고를 '스팸광고'라고 부릅니다. 덕분에 통조림 햄 '스팸SPAM'의 SNS 계정은 스팸 계정으로 자주 신고를 당한다는 웃픈 소식이 들려오기도 합니다. 상식적으로는 아무도 이런 종류의 광고 메일을 누르지 않을 것 같은데 왜 아직까지도 이런 광고가 성행하는 걸까요?

## 한 놈만 걸려라

앞에서 잠깐 영 좋지 못한 종교 권유에 대해 이야기했습니다. 대부분의 사람들은 그냥 무시하고 지나가지만 거절을 극단적으로 못하는 성격이라거나, 마음이 많이 약해진 사람들은 그들을 정말로 따라가기도 합니다. 뱀의 눈은 아름답고 그 혀는 달콤하니, 잘못 따라갔다가 수백만 원씩 뜯기고 온다는 소식이 종종 들리는 것으로 보아 하루에 1명만 꾀어내도 몇 주 밥값은 하는 셈입니다. 정말 한 놈만 걸리면 되는 시장인 것입니다.

메일이나 문자 광고도 마찬가지입니다. 메시지를 받은 대부분의 사람이 걸려들지 않을 거라는 사실은 보내는 사람이 누구보다 잘 알고 있습니다. 실제로 홍보메일을 뿌릴 때, 오픈하는 비율이 5%만 되어도 성공한 것으로 평가한다고 합니다. 5%라고 하니 굉장히 작아 보이지만, 메일을 1만 명에게 보냈다고 하면 무려 500명에 해당하는 비율입니다. 그 중 1%가 구매까지 한다고 생각하면 5명인 것이죠. 보통 대량으로 메일을 보내는 서비스에서 메일 1통을 보내는 데는 1원도 안 듭니다. 1만 원도 안 되는 돈으로 고객 5명을 확보할 수 있는 것입니다! 보통 쇼핑몰에서 신규 고객

1명을 유치할 때 드는 비용을 2만 원 내외로 계산하는데요, 그런 상황에 스팸메일의 존재는 가히 오병이어의 기적처럼 느껴지게 됩니다!

그리고 우리가 뭐 사이비 종교도 아니고 나쁜 것 권하는 거 아니잖아요. 관심 있으면 연락 달라고 말하는 게 뭐 그리 나쁜 걸까요…?라고 생각하며 도덕관념이 바닥으로 치달아 메일을 마구 뿌리던 어느 날, 저는 고객사로부터 이런 메일을 받았습니다.

'저는 귀사로부터 제가 지금 사용하고 있는 서비스에 대한 중대한 소식만 전달받고 싶습니다. 다른 상품은 관심 없으니 더 이상 광고 메일을 보내지 말아 주세요.'

'스팸'이라는 단어가 부정적으로 받아들여지게 된 것에는 다 이유가 있습니다. 과도한 광고 메시지의 남용은 브랜드의 이미지를 깎는 결과를 낳기도 합니다.

고객들에게 신규 서비스가 출시되었다는 내용의 단체문자를 발송한 적이 있습니다. 당시 회사에서는 고객 관리 도구로 굳이 해외 서비스를 이용했는데 해외 서비스다 보니 통상적인 전화번호 앞에 국가코드, 한국의 경우 '+82'가 붙게 되었습니다. 언제 어느 폼으로 입력했느냐에 따라 붙은 것도 있고 아닌 것도 있었죠. 그런데 전체 문자를 보내려면 국내의 다른 솔루션을 이용해야 하잖아요. 아무 생각 없이 고객 리스트를 엑셀로 뽑아서 서비스에 붙여 넣었는데 자릿수 오류로 앞에 국가코드 '+82'가 들어간 번호들의 맨 뒷자리가 모두 '00'으로 바뀌는 버그가 발생하고 말았습니다. 예를 들어, '010-1234-1234'의 경우에 번호가 임의로 '010-1234-1200'으로 바뀌어버린 거죠. 이뿐만이 아닙니다. 등록된 고객들 중 전화번호를 모르는 경우, 그냥 '010-3000-0000'와 같은 식으로 저장해둔 번호들도 많았죠. 이런 번호를 쓰는 사람들이 많이 없을 것 같죠? 생각보다 많다는 사실을 그날 처음으로 깨닫게 되었습니다. 위에서 발생한 문제로 똑같은 내용의 문자가 한 사람에게만 수십 통씩 전송되는 대참사가 발생하고 만 것입니다! 그의 핸드폰은 어딘지도 모를 회사의 광고 문자가 끊임없이 오는 저주에 걸렸을 것입니다. 분노한 고객 아닌 고객들의 전화가 고객센터를 강타했고, 상황파악이 안 되었던 직원들은 난데없는 육두문자를 들어야 했습니다. 죄송합니다. 면목 없습니다….

이런 사례는 조금 극단적이기도 하지만 대부분의 사람들은 '나와는 관계없는 소식 때문에 알람이 울리는 상황'을 극단적으로 불쾌하게 받아들입니다. 당장 술집 앞에서 공격적으로 전단지를 들이미는 분들을, 우리는 못 본 척 지나가는 일이 많습니다. 어쩌다 받는다 해도 그걸 유심히 살펴보지는 않죠.

### 추리고 또 추리기

그리하여 우리는 '아무나 걸려라' 식의 광고를 피할 필요가 있습니다. 그리고 우리는 충분히 그럴 수 있는 기술이 존재하는 시대에 살고 있습니다! 대다수의 단체 메시지 서비스는 고객 리스트에 전화번호 외에도 다른 정보를 입력받아 특정 조건에 맞춰 걸러내는 필터링 기능을 지원합니다. 쉬운 예로 성별, 연령대 등을 이용할 수 있겠죠. 성별 필터 하나만 거쳐도 리스트에서 절반은 추려낼 수 있습니다!

또 그 리스트에 있던 사람들이 보인 후속 행동들까지도 통계로 남겨놓을 수 있죠. 메일을 보냈던 사람들 중 그 메일을 오픈했던 사람들에게만 다시 연락하는 식으로 이용할 수 있습니다. 어느 정도 비율로 메일을 오픈했는지, 메일 내용 중 어떤 버튼을 클릭했는지도 통계를 내서 보여줍니다. 이런 고급 기능이 있는 솔루션을 쓰지 않더라도 엑셀로 고객 리스트를 제대로 정리해두었다면 여러 필터를 거친 고객 리스트를 추려낼 수 있습니다. 이렇게 고객을 추려낸 후 메시지를 발송한다면 길바닥에 버려지는 전단지를 1장이라도 절약할 수 있으며, 스팸 때문에 부정적인 이미지의 브랜드가 되는 것을 막을 수 있습니다. 브랜드 관리가 뭐 별건가요. 욕 덜 먹는 것도 관리입니다. 그래서 고객 정보를 수집할 때에는 메일이나 전화번호 외에도 다양한 정보를 수집하는 것이 좋습니다. 서로를 위해서 말이죠. 이렇듯 스팸에 대한 사람들의 감정이 영 좋지 못하니 마련해놓은 법규도 있습니다. 주요 내용들을 정리해보았습니다.

1. 콘텐츠 제목, 도입부에 광고라는 것을 인지할 수 있는 문구를 삽입한다.
2. 밤 9시부터 아침 8시 사이에는 보낼 수 없다.
3. 개인정보를 수집할 때, 약관을 안내하고 확인받는다.
4. 수신거부 방법을 함께 공지한다.

이런 법조차 없었다면 성질 급한 사장님들이 잠들기 전에 떠오른 영감을 새벽 내내 보내댔을 것입니다. 장담합니다.

## 중요한 건 '메시지'

사실 광고 메시지를 보내는 것 자체로 마케터의 일은 끝나지 않습니다. 이 메시지가 어떤 상태의 고객에게 전달될 것이며, 메시지가 매력적인지, 메시지 속의 링크를 눌렀을 때 그가 원하는 바가 충족되는지를 생각하면서 다음 메시지의 방향성을 고민하는 마케터가 좋은 마케터입니다. 문자 메시지의 경우 텍스트만 드러나기 때문에 궁금증을 자아내는 짧은 문장, 또는 직관적인 단어, 예를 들어 '할인' 같은 것이 들어가면 좋습니다. 길이 제한이 있기 때문에 '용건만 간단히'가 절실히 필요한 분야이기도 하죠.

이메일의 경우, 화려한 것도 좋지만 정보가 인식되지 않을 정도로 힘을 주면 오히려 역효과가 납니다. 디자이너의 업무 부담도 생각해야 하고요. 또 메일의 경우 html이나 자바 태그가 부분적으로 적용되지 않는 경우가 있기 때문에 최대한 심플한 구성으로 가는 것이 좋습니다. 고객이 사용하는 메일 서비스에 따라 여기서 잘 보이던 것이 저기서는 깨지기도 합니다. 이렇게 전달하고자 하는 메시지가 어떤 매체에서, 어떻게 보이는지를 고려하는 것은 콘텐츠 마케팅의 연장선이라고도 할 수 있겠네요. 다시 한번 말씀드리지만 광고에서 가장 중요한 것은 문구, 카피, 메시지입니다. 다른 것들은 그냥 거추장스러운 장식에 불과해요. 높으신 분들은 그걸 모른다니까요. 어쩌다 만난 광고가 삶을 긍정적으로 바꿔놓기도 하고 도박 같은 구렁텅이에 빠뜨리기도 합니다. 조금은 책임감을 가지고 메시지를 보내봅시다.

# 4장 ————————————————————

# 그들 사이에서 멘탈을 단련하는 법

## : 멘탈 관리

# 자신과의 대화보다
## 어려운 고객과의 대화

─────────── 웹툰 '혼자를 기르는 법'에서 통신사 상담원으로 일하는 주인공의 동생이 일의 고충을 토로하며 이런 말을 합니다.

"한국에서 내가 제일 감사하고, 내가 제일 사랑해! 근데도 내가 제일 악역인 기분이 들면 어떻게 하냐고!"

비록 지금은 사용하지 않지만 한때 인사말로 사용되었던 "사랑합니다. 고객님."은 지금도 회자될 정도로 파격적인 인사말이었습니다. 왜 상담원들은 누군지도 모를 고객님에게 사랑한다고 말해야 했을까요?

보통 고객과 기업이 만나는 일은 그리 유쾌하지 않은 상황에서 일어날 때가 많습니다. 일반적으로 상품이 아주 만족스러웠을 때 사람들이 서비스센터에 전화를 걸어서 감사를 표현하는 일은 없습니다. 당장 옆에 앉아있는 동료에게도 공을 돌리지 않는 세상입니다. 사람들은 뭔가 큰 문제가 발생했을 때, 무언가를 확인하고 싶을 때 서비스센터에 전화를 겁니다. 썩 유쾌하지 않은 상황에서 전화를 걸다 보니 사람들은 이미 잔뜩 화가 나 있거나 무시당하지 않기 위해 철저히 방어적인 자세로 접근해옵니다. 상담원의 일은 그야말로 지뢰밭을 걷는 것과 다름없습니다. 상담원의 "사랑합니다."는 어쩌면 그런 타인의 분노 앞에서 제정신을 유지하기 위한 절규였을지도 모릅니다.

갑자기 왜 상담원들 힘든 이야기를 하고 있냐고요? 잊으셨겠지만 이 글은 가난한 회사에서 일하는 마케터들을 위해 쓰여지고 있습니다. 그렇습니다. 여러분은 고객을 응대하는 일을 맡을 수밖에 없게 되었답니다! 앞서 마케팅은 고객과 기업이 만나는 모든 접점에서 발생하는 일이라고 했고, 지금까지는 그 지점까지 가기 위해 필요한 것들, 콘텐츠와 광고, 홍보 등을 이야기했습니다. 소위 스팸이라 불리는 메시지까지 돌렸다면 적어도 1명은 문의를 해오기 마련입니다. 그때 그 고객을 상담해야 하는 사람이 바로 여러분입니다. 그가 전화하도록 만든 것이 바로 여러분이니까요.

### 전화가 올 때, 갈 때

고객을 만나는 일에는 연락이 필요하고, 연락은 방향성을 가집니다. 고객 쪽에서 나를 먼저 찾을 수도 있고 내가 고객의 연락처를 알아내서 연락을 해야 할 때도 있겠죠. 간단합니다. 먼저 고객 쪽에서 전화, 메일, 메시지 등으로 문의를 해오는 상황을 생각해볼까요?

1. 우리가 뭔가 잘못했다

정중하게 사과부터 하고 시작합시다. 당신의 귀한 시간과 감정을 소모하게 만들어 죄송하다고 말이죠. 압니다. 정말 어처구니가 없을 정도로 무지한 고객도, 자기가 잘못해놓고 아니라고 박박 우기는 고객도, 모르는 것에 대해 안다고 우기는 고객도 있다는 사실을요. 하지만 거기에 일일이 날을 세워 태클을 거는 것은 불타고 있는 집에 기름 묻은 장작을 몇 개 던져주는 행동입니다. 여러분의 감정은 소중합니다. 세상에 분노할 일이 얼마나 많은데 얼굴도 모르는 고객 때문에 우황청심환을 찾아야 한단 말입니까. 수화기에 가운데 손가락을 날릴지언정 일단 죄송하다고 말하고 시작합시다. 그럼 상대방도 일단은 차분해지고, 서로 합의점을 찾을 수 있는 환경이 조성될 것입니다.

예전에 잠깐 창업을 한다고 천으로 된 물건을 직접 만들어 팔아본 적이 있습니다. 처음 만들어본 물건이라 생각보다 조악한 퀄리티의 상품이 나왔고, 실제로 이에 대한 불만을 조금 날카롭게 제기했던 고객이 있었습니다. 그러면 안 되지만, 신상정보를 캐보니 의류업계에 종사하고 있는 분이더라고요. 제대로 걸린 거죠. 일단 실망스럽게 해드려 대단히 죄송하다고 사과를 한 뒤, 시간이 조금 지난 후 불만을 제기한 부분의 제작이 왜 그렇게 되었는지를 설명했습니다. 서로 사진까지 찍어 보내면서 상황을 설명하고 나니 일단 고객은 잠잠해졌고, 다음 날 상품 후기에 이런 내용의 글이 추가되었습니다.

'처음에 받고 나서는 낮은 퀄리티에 화가 났는데 제작자가 직접 설명을 해줘서 납득하게 되었다. 마감 방식에 대해 내가 잘못 알고 있는 부분이 있었다. 어쨌든 잘 쓰겠다.'

브랜드 입장에서는 좋은 사례를 만든 셈이죠. 나중에 누군가 상품을 사러 와서 후기를 읽게 된다면 '그래도 얘네는 문제 생겼을 때 도망치지는 않나 보다.' 하고 생각할 테니까요. 나름 고객 감동 사례였습니다(하지만 지금은 그 사업 접었답니다).

## 2. 우리에게 뭔가를 물어본다

본인이 궁금하든, 회사 때문에 억지로 떠밀려 질문하든, 인터넷을 통해서 원하는 정보를 찾을 수 없어 문의하게 된 경우입니다. 이 경우에도 고객들이 굉장히 조심스럽게 전화를 걸었다는 사실을 인식해야 합니다. '남들은 다 아는데 나만 모르는 건가?' 하는 불안감, 그리고 자신의 중요한 개인

정보인 전화번호를 팔고 있다는 생각을 할 수도 있기 때문이죠. 문의 전화 한 번 했다는 이유로 하루에 1번씩 전화해서 살 건지 안 살 건지 물어보는 곳도 있습니다. 정말 세상엔 이상한 사람들이 참 많습니다. 상대가 부담을 느끼지 않는 선에서 정보를 주되, 적절한 선에서 그가 별로 알고 싶어 하지 않는 정보까지 함께 던져줄 방법을 찾아야 합니다.

예를 들어 가격을 물어보는 고객이 있다면 정확한 가격이 아닌 가격대를 알려주고, 정확한 견적이나 타사 비교견적 표를 주겠다며 메일주소를 얻어내거나 영업사원을 보내는 방법이 있습니다. 메일을 받는 고객에게는 제안서 등으로 전달하고자 하는 내용을 보내고 더 알고 싶을 때 자발적으로 연락하는 방법을 사용할 수 있기 때문이죠. 거절하는 고객은 어차피 우리 상품을 사지 않을 고객일 가능성이 높습니다.

상대에게 부담을 주지 않는 선에서 굳이 물어보지 않은 정보를 우겨넣는 방법은 업태나 사람에 따라 다릅니다. 당신만의 방법을 연구할 필요가 있습니다.

### 3. 우리 상품을 사고 싶어 한다

당신이 혼자 힘으로 인바운드 마케팅을 잘하고 있다는 뜻입니다. 집에 가는 길에 달달이랑 맥주 사서 들어갑시다.

다음으로, 우리가 먼저 연락해야 하는 일들입니다.

### 1. 뭔가 심상치 않은 일이 생겼다

축하합니다! 당신은 욕받이가 되었습니다. 눈물 닦아낼 티슈를 옆에 두고 준비된 대사를 읊어봅시다. 솔직한 게 제일입니다. 그냥 죄송하다고 합시다. 가끔 고객과 함께 대표를 욕하는 것이 도움이 되기도 합니다. 작은 회사에서는 고객이 대표와 면식이 있을 가능성이 높거든요. 하지만 그렇기 때문에 적당히 해야 한다는 사실은 아시죠?

### 2. 신규 고객이 필요하다

왜 당신이 '마케터'인지 곰곰이 생각해봅시다. 앞서 당신이 했던 것들(콘텐츠 마케팅, 광고 등)이 제대로 굴러가지 않고 있다는 뜻이기도 하고, 회사에서 장사가 잘되지 않는 모든 이유를 마케팅으로 떠넘기고 있는 상황일 수도 있습니다. 와중에 대표가 함께 반성하면서 전화를 돌리고 있는 상황이 아니라, 그렇게 하라고 일방적으로 지시 받은 상황이라면 실패를 슬퍼하면서 빠르게 구인구직 사이트를 뒤져봅시다. 회사를 위해 이 한 몸 불살라 감정을 소모해봐야 높으신 분들은 '이 가격으로 이게 되네.'라며 당연하게 생각할 뿐입니다.

### 고객과의 만남 뒤에

고객센터에 전화를 하면 '서비스 개선을 위해 통화내용은 녹음됩니다.' 등의 안내멘트를 들을 때가 있습니다. 그 자료들은 법적인 분쟁이 일어났을 때 상대방의 꼬투리를 잡기 위해서 사용되기도 하고, 정말 회사에 필요한 지적, 또는 사람들이 겪고 있는 문제를 인지하는 증거자료로 활용되기도 합니다. 우린 작은 회사이기 때문에 녹음, 모니터링 시스템이 없습니다. 우리 손으로 직접 해야겠죠. 고객에게 연락이 오면 특이사항을 한 곳에 메모하는 습관을 들이도록 합시다.

연락 온 시간, 고객정보(이름, 회사, 전화번호 등), 용건, 대응내용이 정도만 정리해도 괜찮아요. 전문적인 솔루션도 있지만 지금 당장 필요하지는 않을 것이며, 규모가 조금 더 커졌을 때 시작해도 늦지 않습니다. 그리고 이렇게 정리한 자료는 높으신 분들이나 개발자들이 말을 안 들을 때 쥐고 휘두르시면 됩니다. 효과가 굉장할 겁니다. 내부 직원이 백날 서비스의 문제점을 이야기해봐야 그냥 불만쟁이일 뿐이지만 외부 고객이 그렇다고 하는 것은 팩트거든요.

### 전화를 줄이자!

고객을 응대하는 일은 번거롭고 고된 일입니다. 그런데 반대로 생각해보면, 고객들이 문제를 겪는 빈도가 높거나 문의할 것이 많다는 것은 고객 입장에서도 상품을 사용하는 데 피로감을 많이 느끼고 있다는 뜻입니다. 당신의 상품과 마케팅이 잘못된 길로 가고 있다는 거죠. 그래서 우리는 문의전화를 줄이려는 노력을 해야 합니다. 쉽게 생각해볼 만한 것은 고객에게 문제가 생겼을 때 찾아볼 수 있는 매뉴얼을 만드는 겁니다.

기본적인 매뉴얼도 제공하지 않는 중소기업의 상품, 서비스가 참 많습니다. 이는 신뢰도 문제로도 연결됩니다. 매뉴얼도 없는 상품을 사람들이 좋은 상품이라고 생각할까요? 이미 만들어진 매뉴얼이 있다면 고객 문의를 바탕으로 계속해서 개선해나가야 합니다. 잘 만들어진 매뉴얼을 제공하기 힘들다면 'FAQFrequently Asked Question'를 만들어 제공해야 하죠. 여기에는 고객들이 자주 묻는 내용이 들어가야 하며, 시기에 따라 주기적으로 업데이트해야 합니다. 이곳은 은근슬쩍 상품의 장점을 소개하는 곳이 아닙니다. 위에서 만든 고객응대 엑셀 파일이 존재하는 이유입니다. 항목 중 마지막의 '대응내용'에는 '이것으로 타 부서의 명치를 가격했다!' 가 아니라 '이것으로 앞으로는 같은 문의가 오지 않도록 조치를 취했다!'는 내용이 들어가야 합니다.

조금 번거롭지만 대응내용을 고객에게 다시 알려주는 것도 고객 관리 측면에서 도움이 될 수 있습니다. 어떤 기능에 대한 문제를 지적받아 고친 후에 이를 다시 고객에게 알려주지 않는다면 고객은 그 기능이 계속 개선되지 않은 상태라고 생각할 수도 있습니다. 그래서 주변 사람들이 그 상품에 대해 이야기했을 때 단점을 이야기하고 부정적으로 입소문을 낼 수도 있죠. 지적받은 부분들이 개선되었다고 알려준다면 이런 일을 조금이라도 더 막을 수 있고, 기업을 '피드백이 반영되는 브랜드'로 인식시킬 수도 있습니다.

고객이 많은 회사는 사실 이러기가 힘들죠. 이런 점은 작은 회사만의 소소한 장점이라고 할 수 있겠네요. 또한 전화가 자주 오는 것은 일의 흐름을 끊어놓는다는 단점을 가지고 있습니다. 메시지를 남겨놓거나 실시간 채팅 기능을 이용해보는 것은 어떨까요? 서비스의 경우 원격제어를 통해 문제를 해결해주는 방법도 고려해볼 수 있습니다. 이런 기능을 제공하는 솔루션이 싼 가격에 많이 나와 있습니다. 적용해보고 사람들이 안 쓴다 싶으면 다시 빼면 됩니다. 뺀다고 하면 솔루션사가 식겁하며 사람들이 더 잘 쓰는 방법을 알려줄 수도 있습니다.

### 고객을 가장 먼저 만나는 일

고객응대를 좋아하는 사람은 없습니다. 하지만 고객응대를 해본 사람은 마케팅을 조금 더 입체적으로 생각해볼 수 있게 됩니다. 고객이 어떤 사람인지 파악하는 데는 직접 대화해본 경험이 많은 영향을 미치거든요. 이론과 실전은 항상 다른 법이니까요. 당신이 별로 중요하지 않다고 생각했던 것에 흥분하는 고객도, 정말 중요하다고 생각하는 USP를 전혀 알아듣지 못하는 고객도 있습니다. 이런 상황을 몇 번 겪다 보면 나중에 다른 종목의 마케팅을 할 때에도 더 객관적인 생각을 할 수 있게 됩니다. 고객과 직접 소통하는 것이 영업의 일만은 아닙니다. 기회가 있다면 꼭 한번 고객을 만나보세요. 정말 골 때리고 기똥찬 에피소드들이 당신을 기다리고 있을 겁니다. 마지막으로 친하게 지내던 고객응대 팀 직원의 이야기를 전해드리며 이번 장을 마칩니다.

고객: 다른 업체는 안 그러던데… 저희한테만 이런 문제가 생기는 것 같은데요?

상담원: 고객님 같은 케이스는 사용 중이신 솔루션이 다른 업체들이 사용하는 것과는 조금 달라서 생기는 문제로 확인되었어요.

고객: (말 끊으며) 아니, 아무리 제가 뭘 모른다지만 너무 하시는 것 아닙니까?

상담원: 네?

고객: 아무리 그래도 핸드폰 케이스 때문에 프로그램이 제대로 안 굴러간다는 게 말이 돼요? 지금 저 무시하시는 거예요?

# 2인 3각
# 제휴 마케팅

―――――――――― 처음으로 서울에 상경한 저의 막내이모는 '서브웨이'에서 주문을 하고 있었습니다. 음료수를 주문하려는데 콜라가 펩시밖에 없기에 이모는 물었죠.

"아…, 여기 코카콜라는 없나요?"

"고객님, 저희 서브웨이는 전 세계 모든 매장에서 펩시만 팔고 있습니다!"

"앗…. 아아…, 그렇구나." 하며 펩시를 받아든 이모는 몇 년 뒤 미국 유학을 가서 코카콜라를 팔고 있는 서브웨이 매장을 발견했더랍니다. 그 직원은 왜 그렇게 힘주어서 펩시만을 판매한다고 이야기한 걸까요? 당시 서브웨이와 펩시가 제휴관계로 묶여있었을 가능성이 높습니다. 서브웨이에서 펩시만 판매하고, 다른 종류의 콜라는 사오지 않는 조건으로 콜라를 더 싸게 공급하도록 제휴를 맺으면 결과적으로 펩시의 판매량은 기존보다 늘어날 것이고 서브웨이는 원래 팔아야 하는 콜라를 더 큰 이익을 보면서 팔 수 있게 되는 것이죠. 이런 식으로 기업끼리 서로의 가려운 곳을 긁어주는 방향의 마케팅을 '제휴 마케팅'이라고 부릅니다.

## 손에 손잡고 벽을 넘어서

제휴라는 것이 꼭 독점 계약만을 의미하는 것은 아닙니다. '너네 물건 팔면서 우리 것도 좀 끼워서 팔아봐. 팔면 인센티브 줄게.'라고 제안하는 일이나 흔히들 '콜라보'라고 부르면서 브랜드 상표를 함께 내걸고 새로운 상품을 개발하는 것도 제휴 마케팅의 일환입니다. 두 기업이 힘을 합쳐서 뭔가를 한다면 '제휴 마케팅을 한다.'고 표현할 수 있는 것입니다. 제휴 마케팅의 궁극적인 목표는 서로의 고객을 연결시켜 판매망을 늘리고, 조금 더 규모 있는 플랫폼에 브랜드를 노출시켜 인지도를 높이는 것입니다.

제휴처가 가장 많은 곳은 아마도 카드사가 아닐까요? 카드 하나 발급하려고 보면 평생 동안 1번도 쓰지 않을 것 같은 혜택들이 주렁주렁 달려있는 것을 확인할 수 있습니다. 그게 다 카드사와 제휴를 맺은 업체들이죠. 가끔은 차를 살 때 이자를 적게 내기 위해 카드를 만들기도 하고, 카드를 만든 김에 혜택을 주는 업체를 일부러 찾아가 계획에 없던 지출을 하기도 합니다. 이게 바로 서로 돕는 기적의 효과!

그런데 제휴라고 해서 모두가 '윈-윈'하는 것은 아닙니다. 전혀 의미가 없는 제휴는 일할 때 걸리적거리기만 하고 피곤하거든요. 원하는 것만 쏙 빼먹고 제휴 취소를 통보하는 얌체 기업들도 정말 많습니다. 상황이 이렇다 보니 보통 이름만 들어도 알 만한 곳이 제휴를 하자고 하면 두 팔 벌려 환영하지만 작은 회사는 사기꾼이 아닌가, 의심부터 받기 마련입니다. 따라서 그런 의심을 살 수밖에 없는 우리는 보고서나 제안서 등을 통해 그 제휴가 가져다줄 이득에 대해서 명확하게 설명할 수 있어야 합니다.

- 우리 손을 잡으면 이전에 비해 ○○ 정도의 비용을 절감할 수 있어!
- 너희가 우리 상품을 팔아주면 그 상품 가격의 ○○ 퍼센트를 너희가 가지는 걸로 해줄게!
- 우리와 함께하면 ○○ 정도 규모의 시장을 너희 쪽으로 가져갈 수 있어!

## 현실은 언제나 냉혹한 법

하지만 슬프게도 작은 회사의 제휴 마케팅은 잘 돌아가지 않는 경우가 더 많습니다. 기획안의 각종 수치들은 앞서 설명했듯 '희망사항'이거든요. 특히 작은 회사끼리의 제휴 마케팅은 도무지 상대를 위해 양보할 것 같지 않은 상대와 2인3각 경기를 하고 있는 느낌, 무책임한 조원들과 조별과제를 하고 있는 느낌을 끝없이 줍니다. 서로가 서로의 고객들에게 상품을 판매해 결과적으로 판매 수치를 높이고자 하는 것이지만⋯ 생각해봅시다. 당장 우리 상품도 안 팔리는 와중에 다른 작은 회사의 상품을 제안하고 있는 그림은 조금 웃기지 않나요?

반대로 장사가 잘 되고 있는 상황이라면 굳이 푼돈 몇 푼 좀 얻겠다고 신뢰도에 영향을 미칠 수도 있는 다른 회사의 상품을 적극적으로 판매하려 들지는 않겠죠. 판매를 담당하는 영업사원들이 제휴사 상품에 대해 제대로 이해하지 못하고 있을 가능성도 매우 높습니다. 신뢰가 가장 중요한 그들에게 잘 모르는 상품을 파는 것만큼 위험한 일은 없습니다. 이렇게 되면 제휴에 따른 실적은 거의 없는 채로 시간만 흐르게 됩니다. 결국 아무도 책임질 수 없는 문제에 봉착하게 되면서 일은 흐지부지되고 제휴의 책임자(높으신 분)는 슥 빠져나간 채 실무자만 쪼이게 됩니다(지구 멸망했으면⋯).

그러다 보니 대부분의 제휴는 작은 기업끼리가 아니라 커다란 회사와 그보다 '조금' 작은 회사가 결합되는 형태로 이루어집니다. 서로의 상품을 직접 판매하기 어려우니 거대한 서비스의 노출 효과라도 누려보자는 거죠. 실제로 플랫폼의 주인이라고 할 수 있는 사람들과 제휴를 맺고 할인혜택 배너를 노출시키는 것만으로도 상품 문의가 많이 늘어납니다!

문제는 이런 업체가 한둘이 아니라는 겁니다. 상황이 이러니 규모 있는 회사들은 제휴 로드맵을 들고 거기에 맞춰 신청을 받습니다. 그리고 해당 상품을 광고해주거나 자주 노출시키는 조건으로 광고비를 받아갑니다. 자연스럽게 '너 말고도 할 사람 많아.' 하는 상황이 생기면서 갑질이 벌어집니다. 분명 계약서상으로는 우리가 '갑'이었는데 '을'의 요구 사항을 이것저것 맞춰줘야 하는 상황이 펼쳐지는 것입니다.


## 작은 것들을 위한 크로스

그럼 작은 회사끼리는 왜 굳이 제휴를 맺을까요? 제휴를 했다는 사실을 알리는 것은 회사 규모를 뻥튀기하거나 의리를 보여주는 수단이 되기도 합니다. 저의 첫 직장은 열댓 명 정도가 일하는 작은 광고회사였는데요, 어쩐 일인지 회사 홈페이지의 '맨파워manpower' 페이지에는 40명이 넘는 사람들의 사진이 걸려있었습니다. 다른 회사 사람들을 이 사람저 사람 제휴랍시고 우겨넣었기 때문이죠. 개중에는 꽤 유명한 연예인도 있었습니다. 일하면서 그들을 단 1번도 본적은 없었지만 외부에서 봤을 때는 '제법 규모가 있는 회사군!'이라고 생각할 만했죠. 저도 거기 낚여서 입사했으니까요.

두 번째 회사는 상장회사였는데, 중국 공산당 당원이라는 기업인과 제휴 계약을 체결할 것이라는 합의(MOU), 제휴가 아닌 합의를 대대적으로 홍보하며 보도자료를 뿌렸습니다. '우리는 중국에도 시장을 둘 거야!'라고 주주들에게 공표한 셈이죠. 그 직후 사드 사태가 터졌는데… 주가가…. 어찌됐든 이렇게 덩치가 커 보이는 효과 때문에 제휴를 맺는 것 자체가 성과가 되기도 합니다.

경력직으로 입사한 마케터나 영업직의 경우 최대한 빠른 시간 내에 성과를 내야 신입사원과 차별화를 두고 자신의 목숨을 유지할 수 있는데요, 알고 있는 제휴처와 회사를 연결해주는 것만으로도 자신의 존재를 어필하게 됩니다. 사람마다, 상황마다 다르겠지만 대기업 출신의 경력직을 선호하는 이유가 대기업에 연줄을 댈 수 있기 때문이라는 이야기도 있죠. 아무리 학연, 지연으로 굴러가는 사회라지만 내성적인 사람에게는 여간 서글픈 일이 아닐 수 없습니다. 뭐,

이건 어느 정도 직급 있는 사람들 이야기고요. 제휴계약 물꼬가 트였다 하면 실무자는 이런 단계로 작업을 이어나가게 됩니다.

1. 상대편 실무자와 판매 방식 및 수익을 어떻게 나눌지 합의한다.
2. 합의 내용을 계약서로 만들어 양측 회사에 확인받는다.
3. 계약을 체결한다.
4. 내용을 영업사원들에게 전달하고 관련 채널에 공지한다.
5. 각종 프로모션을 진행한다.
6. 성과지표를 교환하는 방법을 정한 후 루틴업무를 만든다.

이런 일들을 진행하며 상대편 실무자와 만나서 이야기를 나누는 것도 꽤 도움이 됩니다. 아주 동떨어진 세계의 사람들이 아니거든요. 그들의 세계는 어떻게 굴러가는지도 관찰해보세요. 마케터의 중요한 덕목인 견문을 넓히는 데 도움이 됩니다. 우린 누가 알려주지 않으니 알아서 주워야 합니다.

---

## 정리하지 않으면 아무도 책임지지 않는다

앞서 말했듯이 잘나가지 못하는 제휴를 담당하게 되면 상당히 외로워집니다. 덩치를 위한 제휴의 경우 다들 실적을 신경 쓰지 않으니 문제가 없지만 제휴를 통한 수익을 기대하는 경우에는 여러모로 환장하게 됩니다. 제휴의 물꼬를 터서 제휴를 맺은 것은 직급이 높은 사람들의 성과지만 거기서 이익을 만드는 것은 실무자의 책임이거든요. 상대 제휴사가 우리 상품을 판매하고 있는 경우, 상대가 어떤 방식으로 고객에게 우리 상품을 알리는지를 파악하고 더 적극적인 광고, 홍보가 필요하다면 요구해야 합니다. 상대 포맷에 맞춰 콘텐츠를 제작해 지원할 수도 있겠죠. 우리가 상대의 상품을 판매할 경우, 역으로 우리가 어떻게 팔 것인지를 상대에게 전달하고 그 사실을 영업사원들에게 잘 안내해야 합니다. 상품에 대해 알기 쉽게 정리한 자료를 전달하고 제휴사 상품을 보여줬을 때 상대 반응이 어떤지도 들은 뒤 기록하는 것이 좋습니다. 제휴는 천년만년 이어지는 것이 아니라 일정 기간이 지나면 갱신하는 형태인데, 실적이나 고객사의 반응 등 여러 가지를 고려해 계약여부를 결정하거나 세부내용을 조정할 수 있거든요.

제휴는 결국 돈과 밀접하게 연결되어 있습니다. 치열하게 기록하고 계산이 맞지 않으면 물어뜯어야 합니다. 당신이 제휴 마케팅을 담당하게 되었다면 철저하게 감독하고 냉정하게 숫자를 정리하기 바랍니다. 좋은 게 좋은 것은 없습니다. "우리가 남이가!"는 높으신 분들 이야기입니다. 결국 실무자는 사장과도 남인 것입니다.

결국

실무자는

사장과도

남인 것입니다.

# 최전선의 사람들

지금도 어느 정도는 먹히는 것 같습니다만 마케팅에서 '브랜딩'이라는 단어는 뭔가 세련된 느낌을 줍니다. 잘 만든 브랜드는 똥을 싸도 사람들이 옹호해주고 소비해줍니다. 실제로 애플은 대부분의 소비자가 싫어할 만한 일을 저지르고도 칭송받습니다. 심지어 다른 브랜드들이 그 행보를 따라가는 것이 익숙하게 여겨질 정도입니다(아니, 이어폰 구멍은 왜 없애…). 이런 브랜드의 힘을 이야기하는 책이나 자료에 자주 인용되는 문장이 있습니다.

'좋은 마케팅은 영업을 필요 없게 만들고, 좋은 브랜딩은 마케팅을 필요 없게 만든다.'

이 말을 한 사람도 조금 오버한 것이겠지만 다 뻥입니다. 적어도 실무를 담당하는 사람 입장에서는 저 개념들이 유기적으로 잘 맞물려 돌아가게 만드는 것만으로도 상당히 골치가 아픕니다. 좋은 브랜드를 가졌다는 것은 그만큼 많은 사람들이 지켜보고 있다는 뜻이고, 작은 것 하나도 신경 써야 할 일이 많다는 뜻이기도 합니다. 그만큼 공격도 더 많이 받겠죠. 업계 1위 브랜드의 마케터, 영업사원들은 편하지 않습니다. 오히려 더 바쁘게, 정신없이 움직여야 할 때가 많습니다. 기본적으로 다른 사람의 일을 어떤 일의 하위 개념으로 보거나 필요 없다고 말하는 것은 여러모로 당신의 삶을 피곤하게 만들 것입니다. 설사 정말 그렇게 생각하더라도 절대 티 내지 마세요.

물론 확고한 브랜드 정체성과 테마를 가지고 예쁘게 포장된 상품을 만들면 좋겠지만 그렇게 되길 기다리다가 회사 잔고가 바닥나는 경우도 생깁니다. 생존이 우선인 사회에서 영업보다 중요한 것은 없습니다. 그래서 우리는 좋은 마케팅으로 영업사원들이 편해질 수 있도록 노력하기에 앞서 영업활동의 구멍을 틀어막는 일부터 시작해야 합니다.

### 악몽의 대결, 영업 vs. 마케팅

그런데 이 두 부서, 사이좋기가 참 힘듭니다. 영업팀에게 마케팅팀 사람들은 책상에 앉아서 숫자나 쳐다보다가 현장이라고는 1도 모르는 소리를 하는 것처럼 보입니다. 반면에 마케팅팀에게 영업팀 사람들은 상품이 팔리지 않는 이유를 그저 마케팅에 떠넘기는 것처럼 보입니다. 두 팀 사이에 트러블이 생겼을 때, 특히 책임 소재를 묻는 상황이 찾아왔을 때 이런 생각에서 자유로울 수 있는 성인군자는 얼마 없을 것입니다. 특히나 연차가 적어 상대방의 일에 대한 이해도가 낮은 경우에는 더더욱 그렇겠죠.

마케터가 영업팀의 일을 이해하기 위해 써볼 수 있는 가장 좋은 방법 중 하나는 직접 영업현장에 따라 가보는 것입니다. 이런 것을 제안했을 때 싫어할 사장님은 없습니다. 이것 또한 작은 회사의 장점입니다. 그중에서도 연차가 높은 영업사원을 따라가게 된다면 당신께서 직접 신입사원을 교육시킬 때 하는 말들을 많이 해줄 겁니다. 특히 영업팀은 회사 내부의 이야기 외에도 바깥에서 일어나는 일들, 업계 히스토리를 많이 알고 있기 때문에 리액션만 잘 해준다면 상당히 많은 정보를 알아낼 수 있답니다. 마찬가지로 클라이언트를 만나는 일도 꽤 흥미롭습니다. 영업사원이 계약을 끌어내기 위해 분위기를 만들고, 상대와 기싸움하는 것을 보며 흥미진진해하다가 여러분은 한 가지 의문에 도달하게 될 것입니다.

### '내가 이 사람들을 어떻게 도울 수 있을까?'

영업사원들은 대개 마케터들보다도 훨씬 더 고객의 입장에서 생각하면서 그들을 설득할 전략을 짜는 사람들입니다. 그래서 마케터들에게 전략에 맞는 자료나 지원을 매번 다르게 요구하는 것입니다. 그런데 마케터는 상대해야 하는 영업사원이 1명이 아니며, 영업지원 업무 하나만 하고 있지 않기 때문에 고객별로 맞춰진 자료를 만들어주기가 힘듭니다. 여기서 두 부서의 신경전이 시작되죠. 조금 규모가 있는 기업에는 영업파트 안에 영업지원 업무를 수행하는 직원을 따로 두지만 작은 회사는 그럴 여력이 없기에 보편적인 지원 체계를 만들어 그들이 그 방식을 학습하도록 유도할 수 있습니다. 제가 소개하는 방법 외에도 직접 시스템을 설계하여 두 부서 간의 첨예한 다툼을 막아보길 바랍니다.

## 1. 데이터 센터 개설

영업활동을 나가보면 '레퍼런스' 자료를 요구하는 고객이 참 많습니다. 상품이나 서비스를 누가 어디서 사용하고 있는지는 의사선택에 꽤 많은 영향을 끼칩니다. 괜히 기업들이 광고 모델을 신중하게 고민하는 것이 아니죠. 사람들은 새로운 시장을 개척하는 것을 두려워합니다. 사업을 한다는 자체가 불안정한 상황이니 조금이라도 안정적인 손을 잡고 싶은 것이 당연하겠죠. 특히 B2B에서는 이 상품을 사용하고 있는 고객 중 내가 아는 곳이 있는지, 그곳에서 이 상품을 이용해 이득을 보고 있는지를 확실하게 보여주는 자료가 필요합니다. 의사결정을 위해 상부에 보고하고 허락을 받아야 하기 때문이죠. 레퍼런스를 예로 들었지만 상대방이 의사결정을 내리기 위해 필요한 자료들은 여러 가지입니다. 어떤 것을 중요하게 생각하느냐에 따라 매번 달라지죠.

그래서 우리는 다음의 자료들을 가장 빠르게 접근할 수 있는 곳에 보관하고 달라고 할 때마다 신속하게 던져줄 수 있어야 합니다.

- 상품을 사용하고 있는 기업, 유명인사
- 상품을 사용하고 있는 기업들의 주요 지표(매출, 인원 등)
- 특허증, 자격증 등 공적인 효력이 있는 각종 문서
- 관련 논문, 기사(나무위키 안 됩니다.)
- 최신 제안서, 성과 보고서
- 기타 판촉 자료

중요한 것은 이것들을 PDF, PPT, 워드파일, 한글파일, 상황이 여의치 않은 경우 웹 브라우저 등 다양한 형태로 준비해둬야 한다는 것입니다. 미팅 현장은 늘 불안정합니다. 물론 요즘에는 PDF 파일만 있어도 큰 문제가 생기지는 않습니다. 하지만 영업사원이 상황을 판단하고 필요한 내용을 직접 수정할 수 있도록 하기 위해서는 PPT(또는 키노트) 형태의 파일을 준비해두는 것이 좋습니다. 중요한 것은 리스트업과 공유입니다.

작은 회사의 영업사원들도 마케터만큼이나 잡다한 업무에 시달리며, 잘 정리되지 않은 시스템 탓에 혼란을 겪고 있는 일이 많습니다. 또 한 번에 여러 고객들을 만나다 보니 상황에 맞는 자료를 척척 떠올리기가 쉽지 않을 수도 있죠. 그러다 보니 분명 보내준 자료인데 다시 보내달라고 하는 경우도, 정확한 명칭을 몰라서 "그거 있잖아 그거!"라고 외치는 경우도 생기는 것이라고 조심스레 추측해봅니다.

간단하게 구글 드라이브나 드롭박스 같은 곳에 위의 자료들을 폴더 단위로 정리해서 올린 뒤 주소를 공유해주세요. 그리고 문서 수정이 있을 때 해당 파일을 업데이트해두면 됩니다. 업데이트 내용을 공지까지 할 수 있다면 더 좋겠죠. 이렇게 하면 영업팀과 마케팅팀 간에 불필요한 커뮤니케이션을 줄일 수 있고 영업사원들이 항상 최신 자료를 들고 다

닐 수 있습니다. 그럼에도 불구하고 끝까지 자료를 직접 달라고 하는 경우들도 있을 텐데요, 정리만 잘 되어있다면 상대가 어떤 자료를 찾더라도 크게 번거롭지 않게 위치를 알려줄 수 있을 것입니다.

## 2. 새로운 마켓 개척

사실 영업사원에게 마케터가 필요한 이유가 이것입니다. 영업으로 시장을 확장하는 데 한계가 생기면서 '새로운 고객은 어디서 만들어야 해?'라는 논의가 시작되었고, 그 일을 전문적으로 하는 사람들을 '마케터'라고 부르게 되었답니다. 글자 그대로 'market-er'잖아요. 우리는 기본적으로 그들에게 새로운 거래처를 물어줘야 합니다. 그게 기본입니다. 앞서 소개한 콘텐츠 마케팅을 꾸준히 하고 있었다면 당신의 콘텐츠 덫에 작고 귀여운 고객이 걸리는 경우가 생길 것입니다. 조금 독하게 말해서 시간이 꽤 지나도 이런 일이 발생하지 않는다면 당신은 마케터보다 영업지원의 스페셜리스트로 가는 것이 나을 수도 있습니다.

영업사원에게 정보를 전달할 때 "신규 인바운드요." 하고 연락처를 던져주기만 한다면 일하는 센스가 부족하다는 평가를 받을 것입니다. 고객이나 상황에 대한 뒷조사를 한 후에 같이 전달해야죠. 연락 온 회사가 어떤 기업인지, 규모가 어느 정도고 어떤 일을 전문으로 하고 있으며 어떤 상황에서 어떤 루트로 연락이 왔는지 정도를 추가로 알려주면 영업팀도 어떤 방식으로 고객을 공략할지, 영업사원은 어떤 사람을 배정할지 등을 전략적으로 계획할 수 있습니다. 물론 상품을 전혀 살 것 같지 않다거나 그럴 능력이 없는 회사를 마케터 선에서 정리해주는 것도 필요합니다. 그래도 훗날을 도모할 수 있도록 광고 메시지를 날리는 리스트에는 추가해둡시다. 이런 고객관리는 뒷장에서 퍼널을 소개하면서 다시 설명하도록 하겠습니다.

**꿈을 실현시켜줄 파트너**

사실 영업사원들은 일 외적으로도 고객의 개인적인 문제를 돌봐주거나 그들의 사업에 필요한 자료를 만들어 줍니다. 술도 많이 마시고요. 하지만 그런 활동들을 통해 영업사원은 파괴력을 얻습니다. 사람만 보고 구매를 결정하는 클라이언트들도 있기 때문이죠. 제법 규모가 큰 거래가 이런 식으로 이루어지기도 한답니다. 여담입니다만, 영업사원이

퇴사나 이직을 해서 떠나가면 함께 빠져나가는 고객들도 있습니다.

아무튼, 영업사원들은 도무지 마케팅만으로는 판매의 물꼬를 트지 못하고 있을 때 고민을 해결해주고 초기 사용자를 확보해줄 수 있는 존재들입니다. 판매 외에 고객들을 유지하는 업무도 해결해줍니다. 이미 판매한 상품에 문제가 생겼을 때 수습하는 일은 영업사원만 할 수 있는 중요한 일 중 하나입니다. 고객센터에서도 해결하지 못한 고객의 분노를 영업사원이 직접 찾아가 해결하기도 합니다.

그들을 너무 초인처럼 묘사했다는 생각이 들기도 하지만 사무실에 앉아 고객의 행동을 분석하는 것 외의 뾰족한 행동수단을 가지지 못하는 마케터들은 직접 고객을 만나는 영업사원들이 있어야 계획을 실행에 옮길 수 있다는 사실을 항상 기억해야 합니다. 아주 가끔, 그들의 자유분방함과 내 편이 아닌 것 같은 태도에 부하가 치밀 때도 있지만 그런 순간들만 잘 넘길 수 있다면 영업팀은 당신의 마케팅 전략을 구체적으로 실현해줄 끝내주는 파트너가 되어줄 겁니다.

# 일을 했으면
# 자랑도 하자

지금까지 마케터로서 회사 안팎의 협업에 대해 열심히 이야기했는데요, 아마 대부분의 일이 생각대로 흘러가지는 않을 것입니다. 실제로는 눈앞에 닥친 일들을 쳐내는 것만으로도 숨이 막힐 지경일 테죠. 이상과 현실은 언제나 다른 법입니다. 20세기 말을 풍미한 복싱스타 마이크 타이슨은 이런 명언을 남겼습니다.

"누구나 한 방 맞기 전까지는 나름대로의 계획을 가지고 있다. 그리고 한 방 맞은 뒤에는 쥐새끼처럼 공포에 질려 얼어붙고 만다."

마케터는 세상에게 두들겨 맞는 것이 일상입니다. 프로모션 계획은 늘 생각한 일정대로 굴러가지 않고, 내부 테스트까지 거친 콘텐츠는 꼭 업로드 이후에 문제점이 발견되죠. 내 편인 줄 알았던 회사 사람들은 상황이 불리해지면 잘못의 이유를 마케팅팀에서부터 찾기 시작합니다.

문제는 마케터의 일이 회사에서 빛을 받기가 참 어려운 일들이라는 점입니다. 그리고 사람들은 우리가 한 일을 정말 놀라울 정도로 빠르게 까먹습니다. 절망적일 정도로 금전적 지원도 못 받는 와중에 버둥대며 소기의 성과를 달성해도, 다른 팀에서는 그런 일이 있었는지도 모른 채 "저 팀은 성과도 없고, 대체 하는 일이 뭐야?" 소리를 참 쉽게 하곤 합니다. 이런 문제는 시스템적으로 불완전한 작은 회사에서 더 도드라집니다.

작은 회사는 체계적인 실적 보고, 평가 기준이 없습니다. 대부분의 일이 높으신 분들 마음대로 흘러가고, 문제가 불거져서 회사 분위기가 그야말로 개판이 되기도 합니다. 편애하는 영업사원에게 중요한 클라이언트의 일을 일부러 몰아주고는 실적이 좋다며 연봉을 파격적으로 올려주는 사례가 있는가 하면 그동안 공헌한 바가 많지만 연봉협상 즈음에 회사의 무리한 요구를 거부했다는 괘씸죄로 연봉을 깎는(!) 사태도 발생합니다. 게다가 정해진 기간 내에 산출물을 만들어내는 생산 파트나 매출로 모든 것을 보여주는 영업파트와는 달리, 마케팅파트는 당장 경영자들부터도 뭘 보고 인사고과를 평가해야 할지 판단이 안 서 어려워하는 영역입니다. 열심히 한 것은 알겠는데 '고객들의 반응이 좋았다, 앞으로가 기대된다.' 같은 애매한 문장으로 인사고과를 매기기는 참 어렵죠. 결국 그들이 봐야 하는 것은 숫자인데, 작은 회사는 가지고 있는 숫자도 여러 의미로 작습니다.

마케터가 매출과 연관되어야 하는 것은 사실이지만, 그

매출에 대한 책임이 온전히 마케터에게만 있는 것은 아닙니다. 우리는 매출까지 가는 길목에서 여러 가지를 신경 써야 하는 사람들이지만 대부분은 그걸 잘 모릅니다. 우리는 어떻게 이 서러운 야생에서 살아남아야 할까요?

이런 고민을 하고 있을 즈음, 회사 대표와 밥을 먹다가 회사 초창기 이야기가 나왔습니다. 처음에는 마케팅을 어떻게 해야 할지 몰라서 매일 블로그에 회사 상품에 대한 글을 올리는 일을 했는데, 몇 달 만에 규모가 조금 있는 곳에서 연락이 오더라는 것입니다. 뭐든 꾸준히 하면 된다는 이야기를 하면서 요즘에는 인바운드가 늘지 않는 것 같다며 뭐라도 해보라고 압박을 해오더군요. 그런데 어찌되었건 제가 당시보다 더 많은 인바운드를 만들고 있었던 것은 사실이거든요. 뭐든 자기가 직접 하면 노력과 근성, 탐구심의 결정체고 다른 사람이 하면 시원찮아 보이기 마련이라는 생각이 들었습니다. 아마 저도 입장이 바뀌면 그렇게 될 것입니다. 그러다가 문득, 인바운드 하나에도 과장된 스토리를 담는 일이 작은 회사의 마케터에게는 꼭 필요한 일이라는 생각도 들었습니다.

---

## 우리가 일하는 이유를 모두가 알도록

앞선 장에서 어떤 마케팅을 할 것인지 결정할 때는 '목표'를 먼저 잡아야 한다고 설명했습니다. 어떤 마케팅을 하고 있더라도 그 일에 들어간 정성과 결과를 생각하고 있어야 합니다. 매출이 당신의 성과가 되는 것은 아닙니다. 그건 영업사원들의 이야기입니다. 여러분은 여러분의 일에서 성과를 내야 합니다. 광고의 일을 볼까요?

광고를 하는 이유는 우리 회사나 상품을 잘 모르는 사람에게 우리 상품을 들이밀기 위함입니다. 그러니 마케터에게 성과란 광고를 몇 명이 보았고, 그중 몇 명이 반응을 보였으며, 직접 구매 또는 상담으로 이어진 것이 몇 건인지가 됩니다. 그리고 이 수치를 광고 전후로 비교해보면 더 분명한 수치가 나오겠죠. 광고가 나가면 적어도 노출이라도 늘어나게 됩니다. 하루에 1만 원씩이라도 써서 페이스북 광고를 내보는 것을 추천합니다. 페이스북에서 광고를 돌리면 인스타그램에도 노출되니 광고 효과도 괜찮은 편입니다. 여기 메뉴를 이것저것 만지다 보면 알게 되는 것들이 많습니다.

　　실제로 페이스북에서 진행 중인 광고의 성과를 보여주는
시스템입니다. 얼마의 예산으로 어떤 결과를 얻어냈는지 기
간별로 보여주죠. 중요한 것은 얼마의 예산을 들였을 때 어
떤 결과를 내는지에 대한 모든 것을 이 판에서 확인할 수 있
다는 점입니다. 링크를 클릭하고 랜딩페이지를 조회한 숫
자, 그리고 랜딩페이지를 통해 상품을 구매하거나 상담을
신청하는 사람들의 수치까지 정리하고 나면 그 모든 것이
여러분이 만들어낸 결과물이 됩니다.

　　숫자만 덩그러니 보여주면 보는 사람은 별 감흥이 없을 것
입니다. 이전과 비교했을 때 무엇이 달라졌는지를 인식시켜
야 합니다. 숫자를 무조건 크게 만들어봅시다. 예를 들어 평
소 일주일 인바운드가 10건이었는데 광고가 나간 후 15건이
되었다면 이렇게 적어봅시다!

- 광고 게재 후 인바운드 15건
→ 광고 진행 후 인바운드 50% 상승!
- 홈페이지 유입량 2,100건에서 2,500건으로 증가
→ 홈페이지 유입자수 400명 증가! 약 20% 증가한 수치!

　별것 아닌 일도 드라마틱해 보이도록 만드는 것이 마케터의 일입니다. 이 기술은 외부 고객뿐 아니라 내부 고객에게도 써먹어야 합니다. 이 문장들은 연봉협상 기간에 성과를 적을 때 유용하게 사용할 수도 있습니다. 물론 숫자에 대한 이유나 그 값이 가지는 의미가 무엇인지는 정확하게 설명할 수 있어야 합니다. 마케터는 모든 행동이 실험이며, 결과에 이유를 붙일 수 있어야 하죠. 바로 이렇게요.

　"이번에 광고 카피를 새롭게 바꾸었는데(원인) 같은 비용으로 타깃을 공략한 광고에서(환경) 30% 더 높은 개봉률을 보였습니다(결과). 직접적으로 가격을 언급한 것이 유효했던 것 같습니다(이유)."

　이제 저 문장을 많은 사람이 모이는 게시판이나 단체 채

팅방에 올려보세요. 물론 유난떤다며 고깝게 보는 시선도 있겠지만 내가 살아야 하는데 어쩔 수 없죠. 그런 거 신경 쓰여서 가만히 있다가 가마니 돼서 실려 나가는 겁니다. 이런 하찮은 이유 때문에 사람들이 내가 무슨 일을 하고 있는지 모르게 두지 마세요.

피드백을 기대하지 마세요. 어차피 저 숫자들에 담긴 의미를 정확하게 이해하지 못하는 경우가 훨씬 더 많습니다. 은밀하게 즐기세요. 무슨 의미인지 자세히 알려달라고 물어보거나 일을 더 시키는 경우가 있는데 오히려 그게 좋은 것입니다. 회사의 높으신 분들은 직원들과 업무 이야기를 나누며 일을 시킬 때 엔도르핀이 분비됩니다. 당신에게 그들이 계획에 없던 일을 시킨다는 것은 긍정적인 결과를 기대한다는 뜻입니다. 로또 1등은 아니어도 5등 정도 당첨된 기분은 느끼고 있다는 거죠. 이런 감정은 분명 당신의 앞날에 긍정적인 영향을 끼칠 것입니다. 연봉은 못 올려도… 일을 통해 성장하고 있다는 느낌은 스스로 받을 겁니다. 적어도 내가 회사에서 하는 일이 뭔지 모르겠다는 이야기는 안 하게 될 겁니다.

## 결국 사람이 하는 일

맞습니다. 사실 능동적으로 움직이기 힘든 환경 속에서 시키는 것만 하기에도 업무시간이 모자랄 수 있습니다. 저런 것들 정리하는 것만도 굉장한 노력과 시간을 요구하죠. 경험도, 체계도 없는 회사에서는 당신이 저런 자료들을 들고 강하게 말한다고 해도 결국 매출로 연결되지 않는다며 시큰둥하게 받아들일 수 있습니다. 사람에게 너무 많은 기대를 하면 실망으로 돌아오는 법입니다.

그럼에도 불구하고 시끄럽게 떠들기를 추천하는 이유는 우리가 이런 멋진 일을 하고 있다고 스스로 인식하기 위함입니다. 언어의 힘은 생각보다 강력해서, 생각만 하고 있을 때보다 말로 꺼낼 때 더 위대해지고, 복잡한 문제를 객관적으로 바라보게 만들어주기도 합니다. 친구에게 고민을 털어놓다가, 혹은 교수님께 질문하다가 스스로 해결책을 찾아내기도 하잖아요.

지금 어떤 마케팅을 하고 있나요? 어떤 결과물을 만들고 있나요? 아무도 듣고 있지 않다는 생각이 들더라도 말로, 글로 이야기합시다. 내가 너희들은 감히 하지 못하는 일을 해내고 있노라고.

---

마케터는
모든 행동이
실험이며,
결과에 이유를
붙일 수
있어야 하죠.

5장 ————————————————————————

# 마케터의 '일'

## : 방향 설정

# 마법의 깔때기는
# 존재하지 않지만

인식 - Awareness

흥미 - Interest

고려 - Consideration

구매 - Purchase

사자!

충성 - Advocacy

———————— 회사 생활을 하다 보면 그럴 때가 있습니다. 지금까지 내가 뭘 해왔나 싶고, 연차는 쌓여 가는데 내 전문 분야는 없는 것 같고…. 특히 얕고 넓게 퍼지는 것이 미덕이 자 잡무의 연속인 마케팅의 세계에는 전문성에 대한 불안감 이 쉽게 찾아옵니다. 와중에 우리는 회사 네임 벨류도 없죠. 그런데 우리가 지금까지 놀고먹기만 한 것은 아닙니다. 작 고 가난한 회사라는 이유로 더러운 꼴 다 봐가면서 열심히 굴렀잖아요. 앞서 소개했던 다양한 분야의 마케팅에 발을 담갔다면 성과는 없어도 경험이 쌓였을 거예요. 말했듯이 작은 회사일수록 큰 회사에서 높은 연차의 경력자들이 맡을 법한 일을 우리가 맡아서 해야 할 때가 많았을 테니까요. 우 리의 가장 큰 장점은 실무 '경험치'입니다. 처음에는 어려웠 던 것들도 하다 보면 찰흙처럼 주무를 수 있는 법! 이번 장 에서는 그 찰흙들을 모아 도자기를 굽는 과정, 마케팅 퍼널 을 설계하는 과정에 대해 이야기해보겠습니다.

### 두근두근 고객과의 로드맵

고객과 기업이 관계를 맺는 과정에는 순서가 있습니다. 구매를 했는데 어디 상품인지도 모르는 상황은 일어나지 않습니다. 왜, 연애도 '심' 다음에 '썸', '고백', '사귐', '너와 결혼까지 생각했어'의 순서로 흘러가듯이 고객과의 관계도 단계별로 나눠볼 수 있습니다.

### 1. 인식Awareness

고객이 우리 브랜드를 목격하고 모종의 이유로 존재를 인식하게 된 상태입니다. 인식하게 되는 이유에는 여러 가지가 있겠죠. 크리에이티브가 눈에 확 띄었거나 고객이 이미 이쪽 분야에 흥미를 가지고 있는 상태일 수도 있고요.

### 2. 흥미Interest

서로 의식하며 흘끗흘끗 눈빛을 주고받는 오묘한 단계입니다. 광고를 클릭해본다거나 상품 소개 페이지에서 내용을 읽어보는 정도의 단계죠.

### 3. 고려Consideration

쇼핑몰로 치면 장바구니에 물건이 담긴 상태입니다. '살까, 말까?', '다른 더 좋은 상품은 없나?', '할인 혜택은 없나?', '통장에 잔고는 충분한가?' 등을 생각하는 단계입니다.

이 시기에 잡지 못하면 고객은 영영 떠나가거나 아주 오랫동안 흥미 단계에 머무를 가능성이 높습니다.

### 4. 구매Purchase

마침내 더 이상 참지 못하고 고객이 구매를 해버렸습니다. 축하합니다! 그런데 한탕 치고 빠지는 사업이 아니라면 여기서 멈추면 안 됩니다.

### 5. 충성Advocacy

상품에 너무 만족했다거나, 상품 외적인 서비스에 감동받은 사람들은 구매자에서 팬으로 진화합니다. 아이돌 팬들은 자기 친구들을 덕질의 세계로 초대하기 마련입니다. 이런 고객층이 늘어나면 늘어날수록 인식단계에 들어서는 사람들이 더 많아질 것입니다. 선순환의 고리가 만들어지는 거죠!

**깔때기의 발견**

관계의 순서를 이것보다 더 많은 단계로 나누는 데도 있고, 어떤 단계를 생략할 수도 있습니다. 단계별 이름이나 상황도 설명하는 사람마다, 업계마다 조금씩 달라진답니다.

그건 마케터 마음입니다만, 대부분 4~5단계로 나누는 것이 이상적입니다. 순차적으로 표현된 것이기 때문에 각 단계에 머무르는 사람의 수가 점점 줄어드는 것처럼 보일 것입니다. 그걸 그림으로 표현하면 역삼각형의 깔때기 모양이 됩니다. 그리하여 이것을 마케팅 깔때기, 즉 '퍼널' 모형이라고 부릅니다. 한 기업이나 상품의 구매 사이클을 설계하고 성과를 계산할 때 사용한답니다. 인지부터 충성까지 다이렉트로 평행선을 그리며 내려가는 것이 이상적이겠지만 그런 일은 거의 존재하지 않습니다.

이제부터 우리가 해야 할 일은 각 단계별 격차를 최대한 늘려서 깔때기의 크기를 점점 크게 만드는 것입니다. 자, 그럼 각 단계를 다시 찬찬히 살펴보면서 우리가 지금까지 했던 마케팅 활동들을 단계별로 대입해보고 문제가 있을 때 해야 할 일들을 같이 생각해볼까요?

1. 인식: 광고, 홍보

기본적으로 콘텐츠를 기반으로 한 광고, 홍보가 필요합니다. 우연히 눈에 띄거나, 검색에 걸리기 위함이죠. 따라서 매체에 대한 지식이 필요합니다. 사람들이 많이 사용하는 매체와 거기에 광고를 낼 수 있는 서비스를 찾아야 합니다. 홈페이지가 있다면 '검색엔진 최적화' 작업을 하고 블로그, 카페 등에서 키워드 작업을 적극적으로 진행해주세요.

온라인 광고를 진행한다면 조금 여유를 가질 필요가 있습니다. 브랜드 인지도가 바닥인 상황에서는 사람들이 광고를 봐도 제대로 인식하지 못하는 경우가 많거든요. 얼굴도장을 자주 찍어야 인식이라도 되는 경우가 생깁니다. 반응이 없다고 소재를 자주 바꾸면 오히려 제자리걸음을 걸을 수도 있다는 뜻입니다. 그런데 이런 이유로 일단 기다리라고 하면 사장님들은 조바심에 어쩔 줄 몰라 합니다. 그러니 합리적인 플랜을 짜서 행동하기를 추천합니다.

- 노출 자체가 어느 선 밑으로 떨어지면 소재를 교체한다.
- 특정 기간이 지나면 소재를 교체한다.

이런 식으로 기간을 정해놓으면 실시간으로 제공되는 광고 데이터를 붙잡고 있는 대신 다른 일을 할 수 있게 됩니다. 우린 광고관리 말고도 할 일이 아주 많으니까요.

---

## 2. 흥미: 상품 소개 콘텐츠

광고를 클릭했는데 아무것도 안 나오면 안 되겠죠. 광고 클릭 후에는 랜딩페이지 외에도 기업이나 상품에 대해 자세하게 설명해주는 페이지를 보여줘야 합니다. 사람들은 온라인게임을 시작하고 10초 안에 이 게임에 내 시간과 자본을 투자할지 말지를 결정한다고 해요. 웹 페이지는 이 시간이 한 3초쯤 되지 않을까요? PC에서는 잘 보이는 화면이 모바일에서 깨진다거나, 글씨가 너무 작다거나, 이미지가 충격적으로 구리다거나⋯. 이 단계에서 고객들이 빠져나가는 이유는 각양각색입니다. 역지사지의 마음을 가지고 고객이 어떤 마음으로 우리 상품 또는 카테고리를 검색했을지, 어떤 광고를 보고 왔을지를 생각해보세요.

– 상품 정보가 명확하게 표기되었는가?
– 궁금증, 기대감을 유발하는 요소가 있는가?
– 구매 방법이나 상담 방법은 알기 쉽게 안내되었는가?

이런 요소들이 잘 녹아들어 있는지도 다시 한번 확인해보고, 감이 오지 않는다면 상품에 대한 정보가 전혀 없는 사람에게 물어보는 것도 방법입니다. 언제든 무언가를 갈아엎을 용기가 필요한 구간입니다.

### 3. 고려: 영업, 다시 광고, 홍보

흥미 단계와 비슷합니다만, 이 단계의 고객들은 조금 더 많은 정보를 필요로 합니다. 사람이 가장 이성적이고 냉정하게 변하는 단계거든요. 실제로 쇼핑몰에서 가장 많은 이탈이 일어나는 곳이 '장바구니' 페이지라고 합니다.

B2B의 경우 고객은 영업사원과 커뮤니케이션하며 궁금한 것들을 질문하고 필요한 자료를 받아갑니다. 리서치 자료라든가 다른 기업의 레퍼런스 같은 것들 말이죠.

그밖에 리타깃팅 광고처럼 상품에 관심이 있는 사람에게 지속적으로 상품을 노출시켜 구매할 때까지 까먹지 않게 하는 방법도 있습니다.

페이스북, 구글 광고는 '특정 페이지를 방문한 이력이 있는' 사람을 특정해 광고를 진행할 수도 있습니다. 왜, 쇼핑몰에서 뭐 하나 검색하고 나면 그 상품과 비슷한 상품들의 광고가 죽을 때까지 따라다니잖아요. 여러분이 그런 상품에 관심이 있다고 파악됐기 때문에 그런 것입니다.

## 4. 구매와 충성: 고객응대, 메시지

이제 관리의 영역입니다. 고객의 불만사항을 접수하는 채널이 제대로 운영되고 있는지, 이후 업데이트가 잘 공지되고 있는지, 정보 메시지와 광고 메시지를 공기 반 소리 반처럼 내보내고 있는지를 확인하면 되겠습니다.

상품 혹은 서비스 사용 이후에 이탈하는 고객들은 슬프지만 대다수가 다시는 돌아오지 않습니다. 실제로 상품이나 서비스를 사용하면서 어떤 부분에서 크게 실망했기 때문입니다.

앞에서 말했듯 음식점이 가장 무서워하는 고객은 불만이 있어도 말하지 않고 웃으면서 나가 주변 사람들에게 욕하는 사람이라고 합니다. 그 점이 고쳐지지 않는 한 장사에 계속 영향을 미칠 텐데, 장사하는 입장에서는 그게 뭔지 모른다는 것에 공포를 느껴야 합니다. 지속적으로 피드백 받을 수 있는 채널을 알려주고, 우리가 어떤 부분을 개선했으면 하는지 적어달라고 요청하는 등 적극적으로 고객들에게 다가가는 수밖에 없습니다.

여기까지 각 단계별로 대표되는 마케팅 활동을 짝지어 문제 해결 방법을 제시하기는 했지만, 사실 마케팅에는 정답이 없어서 모든 마케팅 활동이 각 단계에 직, 간접적으로 영향을 끼칠 수밖에 없고 그만큼 해결책도 다양합니다. 때문에 누군가가 제시한 마케팅 틀에 갇히지는 않았으면 좋겠습니다.

## 결국은 숫자놀음

이렇게 퍼널을 설계해 들어온 고객을 끝까지 관리하는 마케팅을 '인바운드 마케팅'이라고 합니다. 개울에 있는 깔때기형 통발낚시를 생각하면 돼요. 미끼를 보고 찾아온 고객을 빠져나가지 못하게 가둬버리는 거죠. 그런데 완벽한 퍼널을 가지고 있는 기업은 거의 없다고 해도 과언이 아닙니다. 각 사업과 상황이 너무 다각화되어 있고, 퍼널이라는 건 상품별로, 기간별로도 다르게 돌아갈 수 있기 때문입니다. 그리고 이걸 적은 인원으로, 한정된 자원으로, 짧은 시간 안에 제대로 돌아갈 수 있도록 만든다는 것은… 거의 신의 경지 아닌가요? 마케팅에 수백 명이 매달리고 있는 대기업들도 어떤 단계에서는 정말 엉망이구나 싶은 상황이 빈번히 발생합니다. 설계가 빠릿빠릿하게 나오지 않는다고 조바심 가질 필요 없습니다. 우리는 개념을 이해하고 원인을 파악한 후에 후속행동을 이야기할 수 있으면 그것으로 충분합니다.

각 단계의 규모는 숫자를 통해 파악할 수 있습니다. 앞에서 페이스북 광고나 홈페이지 유입량을 유심히 보라고 말했었는데요, 각 수치는 이렇게 해석할 수 있어요.

광고 조회 수: 인식한 사람의 수
광고 클릭 수: 흥미를 가진 사람의 수
랜딩페이지 내 움직임: 고려하고 있는 사람의 수

주로 게임이나 온라인 서비스에서 쓰는 단어로 'MAU', 'DAU' 같은 것이 있습니다. 'Monthly(Daily) Active User'의 줄임말인데요, 한 달 동안 활성화(유입)되는 고객이 얼마나 있는지를 확인하는 숫자입니다. 이 숫자들은 마케팅 퍼널로 치면 고려 단계에 해당하겠죠. 일단 들어와서 접속을 해야 돈을 쓰는데, 접속까지는 이어진 상태니까요.

각 단계의 수치는 업태마다, 상황마다 다르니 본인이 몸담고 있는 곳에서는 어떤 수치들을 조합해서 만들어야 할지 고민이 필요합니다. 각 단계별로 어떤 수치를 담을 것인지 결정했다면 주기적으로 기록해주세요. 그럼 전체적인 흐름이 눈에 들어오게 됩니다. 그 움직임에 맞춰 다음 단계를 준비하면 되는 겁니다!

### 퍼널 일지를 남기자!

이순신 장군의 《난중일기》는 미려한 문장으로 날마다의 감상을 적은 일기가 아닙니다. 본문을 읽어보면 참으로 무심한 문장들이 덤덤하게 기록되어 있습니다.

'탈영병 두 명을 잡아 곤장 서른 대를 치고 가두었다.'

병사들은 왜 탈영을 했을까요? 전쟁의 공포, 집단생활의 설움, 여러 가지 이유가 있었겠지만 곤장 30대를 때린 이순신은 원인을 찾아내 어떤 방식으로든 해결했을 것입니다. 항해일지는 더더욱 지루할 겁니다. 비행기처럼 빠르지도 않고, 사방을 둘러봐도 바다뿐인 망망대해에서 한오백년 떠가며 적는 내용은 늘 비슷했을 것입니다.

마케터의 일상도 비슷합니다. 아니, 대부분의 직장인에게 드라마틱한 일은 거의 일어나지 않습니다. 그런데 아무전조 없이 일어나는 사건 또한 별로 없답니다. 누군가가 그랬습니다. '싸한 느낌'은 사람이 살아오면서 축적해둔 빅 데이터가 경고를 보내는 것이라고 말입니다. 각 퍼널의 단계에 해당하는 수치를 일정 기간마다 정리하는 것을 습관화하면 어느 날 갑자기 '싸한 느낌'이 찾아옵니다. 반드시. 그때 상황을 파악하고 적절한 대처법을 준비할 수 있다면 우리의 쿠크다스 같은 멘탈이 급작스러운 습격에 으스러지는 일은 막을 수 있을 겁니다.

# 방향을
# 정하셨나요?

자, 여기까지가 제가 겪었거나 배워서 여러분에게 전달해줄 수 있는 지식입니다. 조금 더 자세하게 알려드릴까 싶었던 부분들도 많았지만 마케팅의 기초를 훑어보는 데 의의를 둔 책이기 때문에 그러지 않았습니다. 읽는 와중에 더 자세한 내용이 궁금한 부분들이 있었다면 차근차근 더 전문적인 분들의 도움을 받는 것이 좋을 것 같습니다. 세상에는 참 다양한 종류의 마케팅이 있고, 각 분야의 구루들도 많답니다.

아무튼 책에서는 환경 분석부터 콘텐츠 마케팅, 영업 지원, 퍼널 구조까지 꽤 다양한 내용들을 소개했습니다. 그런데 이 일들을 전부 다 잘할 수 있는 사람은 장담컨대 이 세상에 존재하지 않습니다. 저도 이것들을 한 회사에서 혼자 다 하라고 했다면 당장 도망갈 궁리부터 했을 겁니다. 여러분이 글을 읽으면서 '아, 그럼 난 이것부터 시작하면 되겠다!'라는 생각이 든 분야가 있었으면 좋겠습니다. 그런 부분이 없었더라도 사장님이 원하는 것, 상사가 원하는 것이 무엇인지 어느 정도 감은 왔을 겁니다.

그래서 이번에는 지금까지 이야기했던 내용들을 다시 한 번 정리하면서 원하는 방향으로 나아가기 위해 필요한 준비물, 공부해야 하는 것들이 무엇인지에 대해 알아보는 시간을 가지려고 합니다.

## 1. 분석의 기술

제일 먼저, '마케팅'이라는 단어의 의미를 우리 회사에 맞게 스스로, 그리고 주변 사람들과 함께 정의한 뒤 앞으로 나아갈 길을 모색하는 활동에 대해 이야기했습니다. 3C 분석을 통해 우리 회사와 주변의 상황을 분석하는 방법을 알아봤습니다. STP 전략을 통해 시장을 세분화하여 우리가 있어야 할 자리를 찾고, 4P라 불리는 요소를 조합해 상품을 판매하는 과정을 설명했죠.

그런데 조금 우습게도, 작은 회사의 실무에서 이런 업무를 하게 될 일은 사실 거의 없습니다. 이미 창업단계에서 창업자가 이 과정을 거쳤기 때문입니다. 우리는 상품을 더 잘 팔 수 있는 방법을 고민해야 합니다. 하지만 이렇게 시장을 분석하는 기술을 알고 있어야 지금 우리 회사가 처한 현실을 제대로 파악할 수 있습니다. 위에서 언급했던 분석 기술들은 마케터라면 응당 알고 있어야 하는 기술들이기 때문에 회사에서도 굳이 물어보지 않는 겁니다. 당신에게 마케터

직함을 붙인 사람은 가르쳐준 적도 없으면서 당신이 저 개념들을 전부 이해하고 있다고 굳게 믿고 있습니다. 정말로요. 그러니 아직 잘 모르고 있다면 티 안 나게 몰래몰래 공부해야 합니다. 저 개념들을 모른다는 사실이 들통 나는 순간 받게 될 무시와 멸시는 구직활동보다 더 고통스러울 것입니다. 냉정하게 말해서 이 정도도 공부할 의지가 없다면 진지하게 다른 길을 모색하는 것을 추천합니다.

## 2. 콘텐츠 마케팅

다음에는 가난한 회사가 할 수 있는 최선의 마케팅, 콘텐츠 마케팅에 대해 알아봤습니다. 자신이 업계에 대한 공부를 하면서 알게 된 지식을 정리하고 내보내는 일의 중요성, 그리고 내보내는 채널에 대한 개념을 간단하게 설명했는데요, 콘텐츠 마케팅의 가장 중요한 덕목은 '지속성'이라고 할 수 있습니다.

지속성은 콘텐츠의 품질과 속도 면에서 중요합니다. 처음 콘텐츠 마케팅을 시작할 때는 글도, 그림도 마음대로 만들어지지 않겠지만 꾸준히 한다면 기술은 반드시 늡니다. 시간이 흐르면 콘텐츠 만드는 기간을 일주일로 잡고는 하루 만에 끝낸 뒤 바쁜 척하고 있는 당신을 발견하게 될 것입니다.

콘텐츠는 회사의 이미지에도 지대한 영향을 미치죠. 여러분도 구직활동을 할 때, 이 회사가 어떤 회사인지 분명 검색해봤을 거예요. 그런데 검색을 아무리 해도 도무지 정보가 나오지 않는 회사들이 있습니다. 그런 회사는 뭐랄까, 내소중한 자소서를 내기가 꺼려집니다. 투자자나 고객들도 마찬가지입니다. 회사에서 만들어지는 콘텐츠가 없다면 사람들은 당신들의 존재를 전혀 알 수가 없습니다! 기껏 환경 분석하고 포지셔닝까지 마쳤는데 아무도 몰라주는 건 너무 슬프잖아요. 그럴싸한 홈페이지를 만들지는 못해도, 블로그나 SNS 채널에 꾸준히 뭔가를 올리는 것만으로도 '생존신고'와 '존재감 표출'이 이루어집니다.

그리고 이 모든 경험은 1인 미디어 시대에 당신의 경쟁력이 됩니다. 저의 경우에는 긴 글을 쓰는 일, 콘텐츠를 기획하고 여러 채널에 올린 뒤 광고까지 태우는 일을 모두 회사일로 접하고 연습했습니다. 어쩌다 보니 영상편집도 하고 애니메이션을 만들 때도 있었습니다. 눈앞에 닥치니 어떻게든 하게 되더군요…. 어찌되었든 콘텐츠 마케팅은 개인적으로 작은 회사의 마케터들에게 가장 추천하는 일입니다. 업

계 전반에 대한 지식을 넓히면서 개인적인 기술까지 수련할
수 있는 분야니까요. 이쪽 분야의 업무를 해봐야겠다고 결
심했다면 해야 할 일은 다음과 같습니다.

- 글쓰기 연습: 글쓰기 관련 책들을 읽으며 문장 다듬는
  연습을 시작하세요!
- SNS 탐독: 다른 사람, 기업들은 블로그나 SNS를 어떻
  게 활용하고 있는지 많이 봐야 나도 그렇게 만들 수 있
  습니다. 계속 보다 보면 플랫폼의 시스템을 기가 막히
  게 이용하는 사람들을 발견할 수 있습니다. 그들을 따
  라 하면 됩니다!
- 채널 구조 분석: 플랫폼은 돈을 벌기 위한 수단입니다.
  각 플랫폼의 광고 센터에 들어가면, 그들이 콘텐츠를
  어떻게 보여주는지, 광고는 어떤 식으로 제공하는지
  자세하게 설명하는 글들이 있습니다. 보는 김에 온라
  인 플랫폼 광고에 대한 개념도 공부하면 좋겠죠?

3. 콘텐츠 마케팅 심화
CTA의 개념부터 시작해 광고나 콘텐츠를 타고 유입된

사람의 움직임과 특성을 파악하는 애널리틱스 시스템까지 알아봤습니다. 콘텐츠를 몇 개 올린 후 유입이 생기는 것 같을 때 시작하면 좋습니다. 먼저 분석 프로그램들과 친해지세요. 네이버 블로그의 분석 시스템이라도 상관없습니다. 구글에서는 자사 애널리틱스 프로그램을 잘 운영하는 사람들에게 자격증을 부여합니다. 'GA'라고 불리는데요, 이 과정을 공부시키기 위해 구글에서 제작한 수많은 도큐멘트들이 존재하고 서점 마케팅 코너만 가도 관련 책들이 많습니다. 블로그에 개인적으로 정보 글을 올리는 분들도 많죠.

이런 것들을 찾아서 읽다 보면 어느 순간 고객의 흐름과 각 단계의 중요성, 그리고 그 숫자를 왜 정리하는지 개념을 파악할 수 있게 됩니다. 구글이 아니라 페이스북 광고로 공부해도 좋습니다. 페이스북 자체는 많이 죽었어도 인스타그램은 지금 가장 강력한 채널 중 하나니까요. 최근에는 고객들의 움직임이 대부분 웹에서 일어나고, 콘텐츠를 올리는 채널이 온라인이기 때문에 웹에서 데이터를 주고받는 방식, 웹 사이트의 구조나 작동원리 등을 알고 있다면 새로운 기술이나 개념이 등장해도 당황하지 않고 빠르게 이해하고 적용할 수 있습니다.

어찌되었건, 이 단계에서 가장 중요한 것은 콘텐츠를 만난 고객의 행동을 파악하는 것과 그를 이해하고 정리하는 기술을 갖춰야 한다는 것 2가지입니다.

4. 광고와 홍보, 그리고 고객관리

이 부분은 실제 업계에서 하는 일, 그 중에서도 외부 고객을 대상으로 하는 활동을 중심으로 설명했습니다. 광고와 홍보는 '하고 싶어 하는 사람이 많은 일' 중 하나입니다. 그래서 공부할 자료가 참 많은 편입니다. 크리에이티브를 소개하거나 광고 기술, 트렌드를 설명하는 웹진들이 있으니 즐겨찾기에 추가해서 심심할 때마다 들어가서 읽어보는 것을 추천합니다.

조금 낡기는 했지만 광고, 홍보에서 중요하게 생각하는 요소, ATLAbove the Line과 BTLBelow the Line에 대해 조사해 보는 것도 좋습니다. 쉽게 설명하자면 광고라고 했을 때 일반적으로 떠올리는 것들, TV, 라디오, 신문, 잡지 광고를 ATL이라고 하고 나머지를 BTL이라고 합니다. 두 단어 안의 '선Line'이 무엇일까에 대한 나름의 답을 내릴 수 있게 됐다면 마케터로서 한 단계 성장했다고 말할 수 있겠습니다.

개념이 섰다면 실무를 시작해야 할 텐데요. 사실 광고, 홍보 및 고객 커뮤니케이션은 쉽게 해결할 수 있도록 도와주는 솔루션이나 대행업체가 굉장히 많은 분야이기도 합니다. 맨땅에 삽질을 시작하기 전에, 나의 일을 도와줄 수 있는 곳을 찾아보고 조금의 비용을 들여 나의 업무가 편해질 수 있는지, 아닌지부터 판단해보길 바랍니다. 특히나 고객관리의 경우 챗봇이나 온라인 신청 폼 등 직접 전화를 받지 않아도 고객이 편하게 상담을 신청할 수 있게끔 도와주는 솔루션이 많으니, 고객과 대면해야 할 일이 당신을 찾아왔다면 적극적으로 도입하기를 추천합니다.

## 5. 회사 안에서의 마케팅

마케터라면 회사 안에서 개인적인 포지셔닝, 즉 정치질도 꾸준히 해야 합니다. 이 파트에서는 주로 나와 주변 사람들 사이에서 일어나는 다양한 상황과 문제에 대처하는 방법, 그리고 자신의 업무를 동네방네 퍼뜨리는 방법에 대해 알아봤습니다.

제휴의 경우 언제나 책임이 모호해지는 영역이기 때문에 정신 똑바로 차리고 모든 것을 기록해야 한다고 말씀드렸습

니다. 아무도 믿어서는 안 되며, 내가 움직이지 않으면 상대
도 움직여주지 않는다는 것을 기억하세요. 그렇지만 제휴는
'업계'에 대한 전반적인 지식을 여기저기서 훔칠 수 있는 몇
안 되는 기회이기도 하기 때문에 제안이 들어온다면 꼭 잡
고 여기저기 사람을 만나러 다니기를 추천합니다.

영업파트를 비롯해 다른 파트와 협업하는 형태의 마케팅
을 하게 되었다면 저쪽에서 시스템을 제시하기 전에 우리
형편에 맞는 시스템을 먼저 제안하는 것이 좋습니다. '이 회
사는 원래 이렇게 일하나 보지?' 하며 맞춰주기 시작하면 끝
없는 불합리의 늪에 빠지게 되거든요. 작은 회사에서는 더
맞춰주고 더 일해줘도 그 사실을 알아주는 사람이 많지 않
습니다! 싸워서 쟁취하되, 매번 말씀드리지만 의가 상하지
않는 선에서 적절한 타협점을 찾길 바랍니다. 정답은 없습
니다. 그저 현명하게 대처하세요.


6. 마법의 깔때기, 퍼널

마지막으로는 마침내 지금까지 뿌렸던 마케팅 지식을 하
나의 깔때기로 만드는 퍼널 구조에 대해 설명했습니다. 이
야기가 길어질 것 같아 미처 설명하지 못한 게 있는데요, 바

로 고객생애가치, 약자로 CLVCustomer Lifetime Value입니다. 쉽게 말해 고객이 평생 동안 한 기업에 얼마나 많은 이익을 가져다주는가를 계산한 수치입니다. 퍼널 구조 안에 들어온 사람들이 밖으로 나가지 못하고 계속 돈을 뽑게 만드는 마케팅을 '인바운드 마케팅'이라고 설명했었는데요, 퍼널이 만들어졌다면 그 결과 값이 바로 고객생애가치인 것입니다.

마케팅에 있어서 사장님들의 관심사는 '앞으로의 고객생애가치가 어떻게 되지?'가 아니라 '그래서 얼마가 드는데?'일 때가 많습니다. 그래서 회의에 들어가면 CPCCost per Click, 클릭 당 비용, CPMCost per Mille, 1,000번 노출 당 비용이 얼만지부터 물어보는 겁니다. 퍼널 구조와 고객생애가치는 이런 사장님들의 조급함을 해결해줄 수 있는 개념입니다. 마케팅 캠페인을 설계하고 진행한 뒤 우리를 찾아올 것들, 단골 고객이 된 사람들이 만들어낼 가치를 회사 사람들에게 보여줄 수 있다면 여러분의 사내 마케팅은 이미 성공한 것이나 다름없습니다.

물론 각 단계에 들어가는 마케팅 전략들을 이해하고 있어야 하겠죠. 사실 고객생애가치라든가, 스스로 작동하는 퍼널이라든가 하는 것들은 오늘내일 먹고 살 궁리를 하는 작은 회사에서 이야기하기에 조금 성급한 내용들일 수 있습니다. 하지만 퍼널은 아름다운 미래, 밝은 내일을 기다리고 있는 회사가 장밋빛 꿈을 꾸게 만드는 마법 같은 단어가 될 것이며, 높으신 분들이 그리는 미래의 청사진에 당신이 주요한 인물로 자리매김하는 데 큰 도움이 될 것입니다.

### 설계와 실행

결국 마케터는 꾸준히 가설을 세우고 그 결과 값을 확인하기 위해 끝없이 연구하는 사람이라고 할 수 있겠습니다. 작은 회사는 스케일이 작고 반복실험이 거의 불가능해서 그렇지 굉장히 넓은 분야의 실험이 가능하다는 장점이 있는 것이고요. 그런데 실험이라는 것은, 직접 실행하지 않으면 그 결과를 영원히 알 수 없는 가설로만 남게 되잖아요. 생각을 떠올리셨다면 반드시 행동으로 옮겨서 결과를 얻길 바랍니다. 결과가 나빠도 괜찮아요. 실행했다는 것이 중요합니다. 회사가 아니라 여러분의 성장을 먼저 생각하세요. 끝없이 고민하고 탐구하면서 당신의 설계도의 크고 작은 부분을 고쳐나가길 바랍니다. 일하기 귀찮아서가 아니라 정말 궁금해서 문제에 태클을 걸 수 있는, 항상 호기심이 가득한 마케터가 되길 바랍니다.

그리고 궁극적으로는 회사에 내가 없으면 굴러가지 않는 영역을 만들어버리세요. 그걸 회사 사람들이 중요하게 생각하지 않더라도 당신이 스스로 성장하고 있다는 생각이 든다면 그걸로 충분합니다. 천년만년 한 회사에만 충성하는 시대가 아니잖아요. 충분히 성장했을 때 그걸 알아주는 곳으로 이동하면 됩니다. 자신감만 있다면 여러분은 각자의 분야에서 그 누구보다 대단한 마케터가 될 수 있을 겁니다. 정말로요.

궁극적으로는
회사에 내가 없으면
굴러가지 않는 영역을
만들어버리세요.

# 길을 찾길 바라요

시작하면서도 말했지만, 이 책은 읽는 사람을 마케팅 천재로 만들어준다거나 놀라울 정도로 매출을 쑥쑥 올려준다거나 여러분이 몰랐던 고급지고 전문적인 기술들을 가르쳐주는 책이 아닙니다. 에세이에 가까운 글들로 시작해 이것저것 섞여버린, 아주 조금은 혼란스러운… 뭐 그런 책입니다. 미디어믹스의 시대니까요!

다만, 누구 하나 제대로 일을 가르쳐주지 않는 이곳에서 몸으로 부딪혀가며 성장할 수밖에 없는 마케터들에게 도움이 되고, 이미 마케팅에 종사하고 있는 많은 재직자들에게 소박하게나마 인사이트를 제공하는 글이었으면 좋겠습니다. 특히 제 글이 작은 회사에서 길을 잃고 방황하던 사람들에게 '여기서부터 시작하면 되겠군!' 하고 생각하게끔 만들어준 지도가 될 수 있다면 정말 행복하겠습니다.

사실은 저 또한 방황하던 시절이 있습니다. 결국 돌고 돌아 마케팅 글을 쓰고 있네요. 제가 말하고자 하는 지식들이 사실인지 자체적으로 검수하는 과정을 거치기는 했지만, 그럼에도 불구하고 주관적이고 개인적인 견해가 많이 섞여 들어간 것은 사실입니다. 인정할 수 없는 의견이나 조금 다른 생각이 있으시다면 언제든 보내주시길 바랍니다. 저도 배워야 하니까요. 불확실한 환경에서 최대한의 이익을 위해 고군분투 중이신 중소기업 사장님들을 나쁘게 묘사한 것 같아 죄송하다는 말씀도 드립니다. 하지만 혹시나 이 글을 읽고 계신 사장님이 있으시다면 귀사의 마케터를 부디 소중히 대해주세요….

글을 쓰면서 내가 이런 글을 써도 되는지 조마조마하면서도 정말 즐거웠답니다. 부족한 글을 발굴해주시고 좋은 기회로 연결해주신 카카오페이지, 쌤앤파커스 여러분들과 브런치에 감사드립니다. 처음 글 몇 개를 올릴 때 '좋아요나 댓글 등으로 응원해주신 가족과 친구들, 브런치의 독자분들께도 감사드립니다. 여러분이 없었다면 몇 개 더 써보다가 접었을지도 모릅니다.

마침 출판사에서 세스 고딘의 《마케팅이다》를 선물로 주셨습니다. 이미 2번이나 읽은 책인데 선물 받는 와중에 그렇다고 말할 수 없어서 그냥 받아왔습니다. 그렇다면 3번 읽겠습니다. 감사합니다. 사실 이 책의 마지막 문구에 용기를 얻어서 마케팅 글을 쓰기 시작했거든요.

자랑스럽게 여길 만한 것을 마케팅하라. 일단 그렇게 했다면, 어떤 사람을 마주했을 때 그들이 "다시 해줄 수 있어요?"라고 물었다면, 학생들을 가르치고 다음 단계로 나아가도록 도움으로써 그들에게 가치를 제공했다면, 다시 하고, 또다시 하라. 우리에게는 당신의 기여가 필요하다. 기여를 하는 데 어려움이 있다면 당신이 자신에게 하는 이야기가 문제임을 깨달아라.

이는 우리가 '자신을 위해, 자신에게, 자신에 의해' 하는 마케팅이자 자신에게 하는 이야기로서 모든 것을 바꿀 수 있다. 이는 당신이 가치를 창출하도록 해주고 사라지면 아쉬워할 대상이 되도록 해준다.

당신이 앞으로 무엇을 만들지 너무나 기대된다.

---

당신이 앞으로 무엇을 만들지
너무나
기대된다.

# 가난한 회사의 마케터 매뉴얼

2020년 3월 18일 초판 1쇄 | 2024년 6월 28일 6쇄 발행

**지은이** 민경주
**펴낸이** 이원주, 최세현 **경영고문** 박시형

**책임편집** 최세현
**기획개발실** 강소라, 김유경, 강동욱, 박인애, 류지혜, 이채은, 조아라, 최연서, 고정용, 박현조
**마케팅실** 권금숙, 양근모, 양봉호, 이도경 **온라인홍보팀** 신하은, 현나래, 최혜빈
**디자인실** 진미나, 윤민지, 정은예 **디지털콘텐츠팀** 최은정 **해외기획팀** 우정민, 배혜림
**경영지원실** 홍성택, 강신우, 김현우, 이윤재 **제작팀** 이진영
**펴낸곳** (주)쌤앤파커스 **출판신고** 2006년 9월 25일 제406-2006-000210호
**주소** 서울시 마포구 월드컵북로 396 누리꿈스퀘어 비즈니스타워 18층
**전화** 02-6712-9800 **팩스** 02-6712-9810 **이메일** info@smpk.kr

쌤앤파커스(Sam&Parkers)는 독자 여러분의 책에 관한 아이디어와 원고 투고를 설레는 마음으로 기다
리고 있습니다. 책으로 엮기를 원하는 아이디어가 있으신 분은 이메일 book@smpk.kr로 간단한 개요
와 취지, 연락처 등을 보내주세요. 머뭇거리지 말고 문을 두드리세요. 길이 열립니다.